Marc Henry

Au Pays des Maîtres-Chanteurs

La culture allemande a dupe les Européens.
Fr. Nietzsche.

PAYOT & Cie
Paris

Frs. 4

AU PAYS

DES

MAITRES-CHANTEURS

MARC HENRY

AU PAYS
DES
MAITRES-CHANTEURS

La culture allemande a dupé les Européens.
Fz. NIETZCHE.

Avec 8 illustrations hors texte en couleurs.

PARIS
LIBRAIRIE PAYOT ET Cie
106, BOULEVARD SAINT-GERMAIN, 106
1916

AVANT-PROPOS

EN 1895, quand j'eus terminé mon service militaire, je revins à Paris, ma ville natale. J'y avais fait mes études au lycée Condorcet. A peine âgé de vingt-trois ans, j'étais dans une situation très précaire. Mon père venait de mourir, sans avoir eu le temps de prendre les dispositions légales nécessaires pour sauvegarder mes intérêts, et je me trouvai, du jour au lendemain, sans famille et sans ressources.

La perspective de végéter péniblement dans une ville, où j'avais connu des jours plus fortunés, ne me souriait guère. Suivant les impulsions de mon esprit aventureux, je résolus de m'expatrier et de chercher ailleurs une situation.

Sur la foi de vagues recommandations, je partis pour Munich, où je débarquai par une matinée de printemps avec deux pièces d'or au fond de ma poche pour tout capital. Je ne connaissais de la langue allemande que le peu qu'on en apprend au lycée. Les premiers mois de mon séjour à Munich furent difficiles. Logé dans une pauvre mansarde de la *Schleissheimerstrasse*, l'une des rues les plus populacières de la métropole bavaroise, je gagnai péniblement ma vie en donnant des leçons de français à des officiers, à des commerçants et à des bourgeois. Le souvenir de ces débuts modestes ne m'a laissé cependant aucune amertume. Outre la jeunesse, la force et la santé, je possédais une bonne dose d'optimisme et le milieu si neuf où j'étais transplanté excitait vivement ma curiosité. Peu à peu, je conquis une clientèle suffisante pour m'installer de façon plus confortable.

Je fis des progrès rapides en allemand, ce qui me permit de me mêler davantage à la population, de pénétrer sa mentalité, de m'assimiler ses mœurs et ses coutumes. Je trouvai sur ma route des amitiés précieuses et des dévouements sincères. Au cours de mes pérégrinations à travers la ville, je connus un musicien bavarois, devenu célèbre par la suite, qui avait vécu à Paris. Il se prit de sympathie pour moi et m'introduisit dans un cénacle littéraire que fréquentaient, entre autres, Otto Erich Hartleben, mort depuis, Max Halbe et Frank Wedekind. Ma qualité de Français m'assura dans ce milieu un accueil bienveillant; je pris ainsi contact avec la jeune génération intellectuelle de l'Allemagne; je fus témoin de ses premiers efforts et de ses premières luttes. Entre temps, j'avais agrandi le cercle de mes relations et, devenu plus entreprenant, j'inaugurai, à Munich et en Bavière, une série de conférences françaises sur notre littérature et nos mœurs. Ces conférences eurent un certain retentissement; elles me valurent un commencement de notoriété locale.

Encouragé par mes succès, je résolus, en 1898, de fonder avec un de mes amis de Paris, le musicographe J.-G. Prodhomme, qui venait d'arriver à Munich, une revue sociologique et littéraire, la *Revue franco-allemande (Deutsch-französische Rundschau)*. Elle paraissait en deux langues et réunissait une centaine de collaborateurs français et allemands. Nous y poursuivions le rapprochement intellectuel des deux pays, sans toucher aux questions politiques. J.-G. Prodhomme gagna à la nouvelle entreprise les milieux littéraires de Paris où il était connu, tandis que j'y intéressai les écrivains d'Allemagne avec qui j'étais lié.

Cette œuvre de jeunesse appartient aujourd'hui au passé. Pendant quatre ans, elle groupa beaucoup de bonnes volontés dans un même but pacifique et humanitaire. Ceux qui auraient la curiosité d'en feuilleter la collection à la Bibliothèque Nationale pourront se rendre compte de la valeur de nos efforts qui ont fait époque dans l'histoire des relations franco-allemandes.

J'adjoignis bientôt à ma revue une maison d'édition et j'eus, de cette façon, l'occasion de publier, outre quelques ouvrages français, les premières œuvres de la nouvelle pléiade littéraire d'Allemagne.

La connaissance que j'avais acquise de la langue allemande

me permit d'agrandir ma sphère d'influence en commençant, à travers l'Europe centrale, une tournée de conférences sur les questions qui intéressaient les rapports des deux pays. La grande presse s'occupa de moi et je devins ainsi une personnalité accueillie dans tous les milieux.

Vers 1902, une tentative de réforme théâtrale se dessina en Allemagne. Les jeunes littérateurs et artistes cherchaient l'occasion de se produire en public et d'imposer leurs nouvelles formules. Je me mis à la tête du mouvement à Munich et je fondai un théâtre d'avant-garde, *die elf Scharfrichter* (les onze bourreaux), ainsi dénommé à cause de ses tendances satiriques et du nombre de ses fondateurs. Frank Wedekind, Otto-Julius Bierbaum, Richard Dehmel, Gustav Falke, Detlev von Liliencron, Arthur Schnitzler, Franz Blei, Leo Greiner, Max Halbe, Hanns Heinz Evers, Roda-Roda, etc. etc., devinrent nos collaborateurs littéraires. Les meilleurs musiciens, les peintres les plus célèbres, entre autres les dessinateurs du *Simplicissimus*, Th. Th. Heine, Bruno Paul et Olaf Gulbransson, travaillèrent à nos programmes et à nos mises en scène. Ce théâtre eut une vogue et une influence énormes en Allemagne et en Autriche.

Mes fonctions multiples de directeur et de régisseur me fournirent l'occasion d'étudier la musique, qui jouait un grand rôle dans notre entreprise. Je réservai dans nos programmes une large place à la chanson populaire française. Je reconstituai nos vieux costumes, nos vieilles traditions provinciales, je rétablis l'usage des anciens instruments et rénovai complètement la conception du concert en y ajoutant une note picturale inédite, un souci nouveau de ligne et de couleur.

Je parcourus alors régulièrement toutes les villes d'Allemagne, d'Autriche, de Hongrie, de Pologne, de Hollande, les pays scandinaves, la Suisse et les provinces baltiques, réunissant partout des auditoires nombreux. J'inaugurai ces soirées par des causeries documentées sur la poésie et l'art populaire à travers les siècles. En même temps, je publiai un livre sur la chanson française, une anthologie à l'usage de l'Allemagne. Vinrent ensuite plusieurs albums de vieilles chansons, édités à Leipzig ; ils obtinrent de gros tirages. Quelques volumes de vers, trois pièces de théâtre représentées avec succès complétèrent mon bagage littéraire.

J'ai tenu à faire précéder mon livre de cette brève auto-biographie, afin de renseigner le lecteur sur la personnalité de celui qui va parler de l'Allemagne au cours des pages qui suivent.

Complètement déraciné par les hasards de l'existence, je me crois mieux à même que n'importe quel autre Français de juger un pays où j'ai joué vingt ans durant un rôle actif. A Berlin, à Munich, à Vienne, j'ai rencontré trop de mes compatriotes qui, perpétuellement tassés les uns contre les autres, incapables de se mélanger à la population, publièrent néanmoins des appréciations superficielles et erronées sur un peuple qu'ils connaissaient à peine.

Cette guerre m'a ramené sur la route de France et, dès les premiers jours de la mobilisation, j'ai accompli mon devoir, comme tout Français sait l'accomplir.

Mais c'était aussi mon devoir de Français que je remplissais jadis quand, influent et célèbre, je m'efforçais là-bas de faire aimer la France et que j'apportais l'appoint de mes qualités latines aux efforts de toute une jeune génération.

C'est encore mon devoir que je remplis ici, en rapportant à mes compatriotes, en toute sincérité, ce que j'ai vu, ce que j'ai appris au cours de mes années d'exil volontaire.

Je crois fermement en notre victoire, parce que notre cause est celle de tous les peuples, tandis que la cause de nos ennemis n'est que celle d'un régime monstrueux. Toutefois je ne puis m'empêcher de songer que, si nous eussions mieux étudié les Allemands d'Allemagne, nous nous fussions évité bien des déboires....

J'ai tenu à illustrer ces croquis vécus de dessins allemands. Un artiste français pourrait être facilement taxé de partialité et d'exagération. Le *Simplicissimus* a rassemblé sur place les traits essentiels de la race germanique. Il me semble plus suggestif de mettre le résultat de ses observations sous les yeux du lecteur français.

Paris, juillet 1916.   MARC HENRY

CHAPITRE PREMIER

LA QUESTION D'ARMÉNIE AU « KAFFEE PRINCESS »

Donnez-nous, dit ce peuple, un roi qui se remue...
LA FONTAINE

IL y a longtemps, longtemps — c'était à Berlin, juste avant
la guerre, — je reçus un bristol luxueusement biseauté,
qui m'annonçait l'ouverture prochaine d'un nouveau café sur
le Kurfürstendamm, le « Kaffee Princess ». Le propriétaire me
priait, dans les termes entortillés de l'obséquiosité allemande,
de vouloir bien honorer de ma présence l'inauguration solennelle de son établissement. Une couronne d'or à cinq grêles
fleurons agrémentait le carton. On m'y faisait également
savoir que le fameux architecte X... avait dressé les plans du
local et que le célèbre dessinateur Z... en avait conçu la
décoration et l'ameublement.

Berlin avait depuis quelques années la manie des cafés
ultra-modernes. Il fallait bien des débouchés à la fécondité
mercantile de ses artistes. Le sens pratique des commerçants
ne connaît pas, là-bas, les exigences rigides de la tradition.
Tout beau, tout nouveau. Les élucubrations les plus folles
trouvent vite des réalisateurs empressés. C'est ainsi que les
restaurants, les salons de thé, les bars et les cafés ont pris peu
à peu des allures de cauchemar, chaque innovateur cherchant
à devancer la concurrence, en accumulant chez lui les insa-

nités décoratives les plus violentes, qui plongent dans l'ahurissement le troupeau docile, mais curieux, des clients.

L'inauguration d'un café de ce genre était une véritable répétition générale. L'élite de la société y était invitée. Les artistes, les écrivains, les journalistes, les oisifs fortunés, tous les habitués attitrés des lieux de plaisir s'y coudoyaient devant une coupe de champagne frappé, — du champagne de France, bien entendu; l'autre n'existe pas pour les gens chics. — Les petits fours étant gracieusement offerts par le maître de céans, on en faisait une effroyable consommation, tout en critiquant à cœur-joie le propriétaire imbécile, qu'avaient roulé des artistes sans talent. Ce sujet tari, on dénigrait vivement quelques individus notoires dont la présence était interprétée comme un défi. Puis chacun s'en allait, content d'avoir vu et surtout d'avoir été vu.

Le nouveau café suivait alors ses destinées. Il ne désemplissait pas durant quelques mois, jusqu'à ce que la curiosité de la grand'ville se fût bien repue. Ensuite il devenait un asile sûr et discret, que recherchaient surtout les couples épris de solitude...

Le « Kaffee Princess » fit sensation. A l'entrée, sur le Kurfürstendamm, un portier interminable, vrai grenadier de Potsdam, arborait une livrée en drap mauve tendre, à larges bandes dorées. Il était coiffé d'une énorme casquette russe, également mauve et or, ce qui lui donnait l'air d'un champignon de conte de Grimm, atrocement vénéneux. L'éclairage intérieur du café était savamment atténué par des soies jaune-d'or, qui enveloppaient les lampes électriques en plissés coquets, évocateurs de dessous féminins. Chacune des salles était tenue dans une autre tonalité. Il y avait le salon violet-évêque, la chambre verte (comme un tapis de billard) et la salle rouge (comme un feu de bengale). Les sièges, aux lignes audacieuses, mettaient à l'épreuve les reins des consommateurs. Les objets les plus courants, verres, assiettes, tasses, sucriers, cuillers, fourchettes et couteaux, avaient l'apparence de rébus indéchiffrables ; ils exigeaient un pénible apprentissage, avant de rendre les menus services qu'on croyait avoir le droit d'en attendre.

Comme les visiteurs éberlués ne savaient trop que dire, on noyait leur ahurissement sous des flots de mélodies assourdies. Un orchestre « viennois » dirigé par un maestro russo-juif, jouait tour à tour, avec l'éclectisme qui caractérise le goût allemand, le largo d'Hændel, la *Veuve joyeuse*, le dernier tango et le *Waldweben* de *Siegfried*, le tout en sourdine, toujours en sourdine, sans *piano*, sans *forte*, impersonnel et lointain ; c'est meilleur genre.

Le Kurfürstendamm est l'artère de prédilection du Berlin W, (quartier de l'ouest), c'est-à-dire du Berlin riche. La race germanique n'y est représentée que par quelques péripatéticiennes aux toilettes tapageuses ; le reste des promeneurs est composé de Sémites. Ils se sentent là chez eux. On les reconnaît à leur aspect si différent du type autochtone. Ils représentent la haute finance, le gros commerce, le monde des affaires et toute la séquelle des professions libérales, où les cantonne l'intransigeance du gouvernement : médecins, avocats, publicistes. éditeurs, directeurs de théâtres, etc... Ils formèrent naturellement le noyau de la clientèle du « Kaffee Princess ».

Je devins moi-même un habitué, non point que j'admirasse particulièrement le décor de l'établissement ni les coups d'archets langoureux du kapellmeister, mais parce que je demeurais à deux pas, surtout parce que la salle outrageusement verte, réservée aux fidèles clients, était d'une fraîcheur de température et d'une solitude appréciables. Chaque soir, après le théâtre, j'y retrouvais d'aimables compagnons, qui m'aidaient à tuer le temps, jusqu'à l'heure du sommeil.

Régulièrement, à la table voisine de la mienne, venait s'asseoir un consommateur chevelu, âgé d'une trentaine d'années, plongé dans la lecture d'un journal étranger dont les caractères d'impression me rappelaient les inscriptions turques. A force de nous rencontrer, nous finîmes par nous saluer, puis nous en vînmes à causer. Il était Arménien, comme le journal qu'il lisait. Il me confia qu'il achevait ses études à l'Université de Berlin. Il préparait son doctorat de philosophie. Il parlait assez mal l'allemand et comprenait à peine le français. Néanmoins je parvins à tirer de lui des renseignements intéressants sur l'histoire, les mœurs et les aspirations de son pays dont les vicissitudes m'avaient ému.

Le jeune Arménien m'apprit qu'un comité national s'était fondé à Berlin, pour intéresser le gouvernement à leur sort, et qu'ils avaient trouvé en haut lieu un appui bienveillant.

Si je ne connais pas l'Arménie, je connais, par contre, parfaitement l'Allemagne et je donnai tout de suite à cette bienveillance des mobiles égoïstes. L'Allemagne ne fait pas de sentimentalité en politique, elle se contente d'en faire en littérature. C'est le contraire chez nous, où, seule, la politique est sentimentale.

Quel intérêt pouvait avoir Berlin à favoriser une renaissance arménienne ? Il suffisait d'évoluer dans les milieux allemands pour savoir l'importance que le gouvernement attachait à la question des Balkans et à celle de l'Asie Mineure. Le chemin de fer de Bagdad était une œuvre nationale dont on escomptait les grandioses perspectives. Réunir Berlin au golfe Persique devenait le premier pas vers l'asservissement de l'Europe à la politique allemande. La décroissance rapide de l'influence française en Orient n'était un secret pour personne. Le commerce et l'industrie germaniques avaient déjà mis la main sur la Turquie. Quelles visées pouvait avoir la

Wilhelmstrasse en favorisant officieusement les aspirations arméniennes ?

Au cours de nos entretiens, j'appris que la fondation d'un journal germano-arménien avait été décidée. Les fonds étaient fournis par une banque allemande de Constantinople, qui venait d'établir une succursale à Van, en Arménie. C'est toujours par les banques que les Allemands commencent l'envahissement méthodique d'un pays. Ils l'ont surabondamment prouvé dans l'Amérique du Sud, où ils ont évincé, petit à petit, les concurrents européens en ouvrant de larges crédits aux commerçants indigènes.

J'assistai à la réalisation du programme des Arméniens de Berlin. Mon compagnon amena peu à peu ses camarades dans la salle verte, qui perdit tout le charme de la solitude et s'emplit chaque soir d'éclats de voix, dans un idiome auquel je n'entendais goutte.

Je connus ainsi un grand poète national, exilé par les autorités turques. Il devait prendre la direction du nouveau journal. Il était assisté par un ex-général arménien, bâti en Hercule, et dont la face olivâtre s'encadrait d'une épaisse barbe grisonnante. Condamné trois fois à mort par contumace pour avoir défendu la cause de ses compatriotes, ce dernier s'était réfugié depuis longtemps à Berlin, et y exerçait la profession de dentiste ; ses biceps attestaient sa maîtrise.

Le premier numéro du périodique fut conçu et rédigé devant moi au «Kaffee Princess». Comme il devait paraître en deux langues, quelques doctes Allemands fournirent d'indigestes articles, truffés de statistiques tendancieuses, où ils s'efforçaient de prouver que, seule, l'Allemagne était capable de rendre à la race arménienne la *place au soleil* et l'influence dont elle était digne. Ces articles et les articles arméniens furent envoyés à Constantinople, parce que l'Allemagne ne posssédait pas — même à Leipzig — les caractères nécessaires à l'impression. Par contre, Constantinople fourmillant d'imprimeries teutonnes, il était plus facile de faire tirer le journal sur les rives du Bosphore.

Une animation joyeuse régna, le soir où le premier numéro, arrivé de Turquie, passa de mains en mains.

A la dernière page, les annonces proclamaient l'excellence des paquebots de la Hamburg-Amerika-Linie et du Norddeutscher Lloyd ainsi que les multiples avantages offerts à leur clientèle par la Deutsche Bank et la Disconto-Gesellschaft.

Dès le premier numéro, le Ministère des Affaires étrangères de Berlin subventionna le périodique. Le rapprochement arméno-allemand était un fait acquis et mes compagnons ne tarissaient pas d'éloges sur leurs bienfaiteurs.

Certes, je ne leur en voulais point de leur enthousiasme et je respectais leurs illusions. Ces Arméniens ne représentaient pas toute leur nation. Ils agissaient de leur propre chef et dans un but fort louable. Ne s'efforçaient-ils pas d'aider au salut de leur patrie?

Néanmoins, je me hasardai discrètement à leur rappeler les sympathies françaises qui, jamais, ne leur avait manqué. Je leur citai des titres d'ouvrages où des écrivains courageux (tel Pierre Quillard) n'avaient cessé de tancer vertement le Gouvernement de la République pour l'obliger à intervenir en leur faveur. Je me heurtais à des sourires sceptiques, à des gestes désabusés. Non point que la France leur fût antipathique. Oh ! non.

Ils aimaient son caractère et se passionnaient même pour son glorieux *passé*. Hélas! j'appuie sur ce mot. Tout ce que la France représentait à leurs yeux était depuis longtemps périmé. Ce n'est pas l'unique fois où mon patriotisme eut à souffrir de ce cruel diagnostic. Pour trop d'étrangers la France *avait été.* Sur les routes de l'avenir, ils voyaient s'allonger démesurément l'ombre toute puissante de l'aigle prussien. C'est elle qui couvrait peu à peu le monde entier. Pour mon pays on n'avait plus qu'une sympathie lointaine, des paroles qui ressemblaient à des condoléances...

Cependant les réunions arméniennes devenaient plus nombreuses et plus animées. J'avais rejoint ma table habituelle et j'évitais, par discrétion, de prendre part à des débats où ma qualité de Français m'eût plutôt donné l'air d'un intrus.

J'entendais bien des noms étranges émailler leurs conversations ; ils parlaient avec ardeur des familles régnantes de la Confédération germanique. Tout le Gotha défilait dans leurs discussions, depuis les Hohenzollern omnipotents jusqu'à la famille falote des Reuss *ælterer Linie.* Je n'y attachais aucune importance.

Un soir, le dentiste-général, venu plus tôt que d'habitude, daigna me faire des confidences qui me stupéfièrent.

Les Arméniens du «Kaffee Princess» cherchaient un prince qui voulût bien leur accorder l'honneur de se mettre à leur tête. L'histoire ridicule du m'bret d'Albanie, l'ineffable prince de Wied, leur avait tourné la tête. Il leur fallait aussi un *Fürst* allemand. Leur projet n'avait pas déplu en haut lieu. Certes, on avait montré une prudente réserve, mais, enfin. on voyait leurs efforts d'un bon œil.

L'Allemagne exporte tout: camelote industrielle et camelote royale. Pour ce peuple chaque opération est une affaire commerciale, même la guerre. Jamais les grands principes d'idéologie humaine n'ont décidé son gouvernement à agir ; ce furent toujours des perspectives plus ou moins spécieuses de profit. Le Teuton est un commis voyageur, qu'il soit coiffé d'une couronne ou habillé en soldat.

Mes Arméniens épluchaient donc le Gotha, avant de commencer leurs démarches. Ils avaient bien pensé à s'adresser aux prolifiques Hohenzollern, mais ils sentaient confusément que c'était là une ambition excessive. Il faut à cette race de monarques exigeants des proies plus conséquentes. Peu à peu on s'était rabattu sur les principicules sans importance, rejetons à peu près ruinés du vieux tronc germanique, sans occupations bien définies et qui seraient, peut-être, heureux d'attirer l'attention mondiale. On pesait les chances de succès, on évaluait les profits de l'opération, on arrêtait la meilleure marche à suivre. La Roumanie, la Bulgarie, la Grèce, l'Albanie, fraîchement créée pour complaire aux Empires du Centre, étaient déjà des succursales avérées de Berlin. Pourquoi pas l'Arménie ?

Mais ils n'eurent pas le temps de commencer leurs démarches, ou plutôt je n'eus pas le loisir d'en attendre les résultats.

Le 31 juillet arriva. Adieu le Kurfürstendamm et les soies criardes du «Kaffee Princess». Adieu, Berlin W. Adieu aussi, ô toi, kapellmeister inconsistant, qui édulcorait nos entretiens du suc affadi de tes mélodies en sourdine. Une autre musique a remplacé la tienne, plus franche et plus nerveuse. Le peuple de France est sorti de sa léthargie. Il n'est plus le peuple du passé, mais bien celui du présent et mon cœur aime à croire qu'il sera celui de l'avenir.

Et vous, mes pauvres Arméniens, qu'êtes-vous devenus ?

L'écho lointain m'apporte les cris lamentables de vos frères égorgés. Les Turcs vous saignent froidement, leurs drapeaux mêlés à ceux de Germanie.

Cherchez-vous toujours un petit prince boche ? Ou les Allemands, n'ayant plus besoin de vous maintenant, ont-ils écrasé de leurs mains brutales vos pauvres rêves creux, vos illusions généreuses, écloses à la lumière artificielle du « Kaffee Princess » ?

CHAPITRE II

QUELQUES ASPECTS DE L'ALLEMAGNE SOCIALISTE

Tous les mangeurs de gens ne sont pas grands seigneurs.
        LA FONTAINE

CE fut dans le fond d'un jardin à Munich, que je fis connaissance avec la sozialdemokratie allemande, il y a quelque dix-huit ans.

Karsten P... qui étudiait l'économie politique sous les auspices de Lujo Brentano, habitait un pavillon discret, derrière un massif de peupliers. Des couples de pigeons nichaient dans les tuiles. Nous les entendions roucouler interminablement à travers les solives du plafond, pendant que nous prenions le thé.

Les invités s'asseyaient où ils pouvaient, de préférence sur le lit, car les chaises étaient encombrées de bouquins : les tomes innombrables du *Brockhaus-Lexikon*, arsenal indispensable de l'érudition allemande. Une reproduction de la *Toteninsel* de Bœcklin ornait la muraille ; une tête gravée de Karl Marx lui faisait vis-à-vis.

Notre hôte personnifiait le type amusant du docte teuton, tel que l'ont illustré les dessinateurs du *Simplicissimus*. Sa maigreur décevante s'abritait sous les plis trop amples d'un complet de loden vert ; des chaussettes de laine beige retombaient en plis désharmonieux sur ses gros souliers usagés ; son crâne pointu, chauve au sommet, s'encadrait d'une couronne de cheveux d'un blond déteint et ses yeux bleus s'abritaient derrière d'énormes lunettes cerclées d'or, rivées à des oreilles proéminentes. Il s'intéressait à la cause du peuple et saluait avec ardeur l'aurore d'une organisation, destinée à éduquer politiquement les masses.

Frais émoulu de l'université et de la caserne, où il avait fait — suivant les usages germaniques — un an de stage *(Einjæhriger)* comme élève officier de réserve, loin des promiscuités égalitaires, il célébrait la puissance de la méthode et déclarait qu'avant de « nager dans le rêve comme les Français sentimentaux et grandiloquents », il fallait discipliner l'effort, grouper toutes les bonnes volontés sous une direction énergique.

Il disait volontiers, en frappant, du plat de la main, un des nombreux volumes du Franc-Comtois Proudhon : «Il n'y a pas une théorie nouvelle qui ne se trouve développée chez lui. Il est notre ancêtre à tous, mais il ne possède pas le sens pratique. Nous autres Allemands, nous réaliserons ses idées. »

Anita Augsburg et Rosa Luxemburg apportaient parfois, dans notre petit cénacle, l'outrance de leurs théories féministes. Plus impulsives et plus violentes, elles préconisaient la révolution et recherchaient surtout, dans le socialisme, l'émancipation de leur sexe. Karsten P... rabattait leur violent caquet, sans aucune galanterie ; il prônait, au contraire, une évolution prudente et disciplinée.

Au cours de l'été, nous partîmes excursionner, Karsten P... et moi, dans les Alpes bavaroises, le *Rücksack* sur le dos. Nous suivîmes la vallée pittoresque de l'Isar jusqu'au lac de Kochel, au pied de l'Herzogstand. Un chemin en lacet nous conduisit, de l'autre côté du col qui sépare la plaine bavaroise du massif alpin, sur les bords sauvages du Walchensee. Nous fîmes halte au Goïensass, devant le chalet rustique, où villégiaturait von Vollmar, le chef du parti sozialdemokrate de Bavière. Il nous reçut avec urbanité.

C'était un homme cultivé et sincère, mais qui portait en lui la double empreinte de son aristocratie et de sa première vocation d'officier. Quand ils font peau neuve, les esprits les plus éminents gardent toujours le pli que leur imposa leur éducation. Von Vollmar avait vécu son chemin de Damas à l'hôpital militaire, sur le lit de souffrance, où le retenait une grave blessure qui le fit boîter toute sa vie. L'influence d'une femme, qu'il épousa du reste, ne fut pas étrangère à sa transformation. Cette femme était suédoise et cachait, sous une froideur apparente, une âme ardente et dévouée. Elle partagea, par la suite, les travaux de son mari et soutint sa foi, au plus fort de la lutte.

Les origines et le passé romanesque de cet homme influèrent grandement sur la politique socialiste en Bavière. Ennemi des exagérations plébéiennes, il donna aux revendications de son parti des formes sagement diplomatiques. Il ne fut jamais hostile aux compromis même les plus inattendus, quand ils étaient capables d'augmenter l'autorité de son groupe, et tout le monde se rappelle encore le pacte électoral qu'il conclut avec les cléricaux, ses ennemis mortels, pour ruiner définitivement les espérances des libéraux.

* * *

On ne connaît pas assez en France la profonde différence qui existent entre les conditions de vie de la sozialdemokratie en Allemagne et celles des autres partis socialistes européens.

D'abord, la socialdemokratie est profondément affectée par ce fait que l'Allemagne est et demeure, malgré la fondation de l'empire, le pays d'Europe le moins uni. Un demi-siècle n'a pas suffi pour amalgamer tant d'éléments hétérogènes. Il n'y a pas de parfaite communion possible entre l'habitant de la Prusse orientale, par exemple, et celui des bords du lac de Constance. Les différences de mœurs, d'instincts, de traditions, de dialectes subsistent toujours. Seule, une forte discipline peut assurer la cohésion d'efforts et l'unité de direction, sans lesquelles l'empire, et les grands partis politiques dans l'empire, ne sauraient exister. Cette discipline est aussi nécessaire aux conservateurs qu'aux révolutionnaires. Ensuite, la sozialdemokratie se ressent de la complexité de la vie politique en Allemagne. Chacun des Etats dont se compose la Confédération impériale a son *Landtag*, et le recrutement de cette assemblée représentative varie d'Etat à Etat. La Bavière, par exemple, a le suffrage universel, et les garanties constitutionnelles y sont plus grandes qu'ailleurs. En Prusse, par contre, le régime électoral est celui des classes. On est électeur en proportion de son revenu ou de sa fortune immobilière; un hobereau propriétaire, a plus de voix, à lui tout seul, que deux cents ouvriers réunis d'un faubourg de Berlin.

La tactique sozialdemokrate subit donc les mêmes variations. En Bavière, le grand adversaire est le clergé qui, tout puissant dans les campagnes très catholiques, essaie d'endiguer la poussée socialiste dans les villes comme Ratisbonne ou Würzbourg; là, l'élément ouvrier se heurte à la petite bourgeoisie cléricale. En Prusse, au contraire, l'adversaire est l'agrarien et le hobereau protestants. La sozialdemokratie, en minorité, n'a que la ressource de l'obstruction ou l'alliance passagère avec les *Freisinnigen*.

Au-dessus de ces organisations, il existe une chambre des députés d'empire, le Reichstag, sorte de parodie parlementaire dont l'étranger s'exagère l'importance, à la grande joie du gouvernement.

La fraction socialiste du Reichstag semble imposante au

premier abord. Elle compte plus de cent députés, mais beaucoup de ses membres ne sont que des radicaux déguisés, il ne faut pas l'oublier. L'élection des députés sozialdemokrates dans les grands centres ne fut souvent qu'un geste de mécontentement des milieux bourgeois. Après le coup d'Agadir et l'échec de la politique marocaine, on vit tous les habitants de Berlin W., le quartier le plus riche de la capitale, voter pour le candidat socialiste, histoire de jouer un tour au gouvernement. Plus encore : à Potsdam où n'habitent que la suite de l'empereur, ses officiers, ses secrétaires, et quelques vieux brandebourgeois, anciens militaires et fonctionnaires retraités, ce fut un sozialdemokrate qu'on élut. La domesticité du château vota pour lui, jusqu'au chauffeur de Guillaume II.

D'ailleurs, qu'importe le nombre des représentants socialistes au Reichstag ? Le parlement ne peut rien sur la direction de l'empire. La responsabilité ministérielle n'existe pas dans la constitution. Jamais un ordre du jour n'a fait démissionner un ministère. Le chancelier, nommé par l'empereur, ne quitte son poste que quand son maître réclame ou accepte sa démission. La tactique du parti sozialdemokrate au Reichstag ne peut donc qu'être une tactique d'attente et d'agitation. Elle a réussi tout au plus à pousser le gouvernement dans la voie des réformes sociales, comme, par exemple, la loi sur les retraites ouvrières.

La nécessité de prendre part à la législation financière du pays force même le parti ouvrier à désavouer ses principes. C'est ainsi qu'il accepta, avant la guerre, les crédits énormes, réclamés par le chancelier, pour l'accroissement de l'armée.

On en fit grand état chez nous pour accuser les sozialdemokrates d'hypocrisie et d'impérialisme. Au fond, ils n'avaient agi que dans l'intérêt immédiat de leur parti. Ils savaient bien qu'en s'abstenant, comme à leur ordinaire, ils n'empêcheraient pas les crédits d'être votés. Par contre, ils seraient exclus des commissions financières chargées de choisir la forme de l'impôt. Or, ils voulaient empêcher que le peuple fût encore le seul à payer les frais (cette fois considérables) de la politique prussienne. Ils s'abouchèrent avec le gouvernement et consentirent à donner leur adhésion contre l'assurance de pouvoir travailler, avec les autres partis, à la répartition des nouvelles charges.

* * *

Les grands apôtres de la sozialdemokratie allemande sont vraiment sortis du cœur de la nation, après que la révolution de 1848 eût fait vibrer toute l'Europe, tels Liebknecht, Bebel, Herwegh [1].

Après 1871, de nouveaux éléments ont pénétré dans le parti. La sozialdemokratie est envahie par les bourgeois radicaux, adversaires de la caste gouvernementale, et par les Juifs qui, relégués dans la finance, le commerce, le journalisme et les professions libérales, se voient obstinément interdire les hauts rangs de l'armée et de la magistrature, pierres angulaires de l'édifice autocratique.

Ce sont ces nouveaux éléments qui travaillent à l'organisation de la masse, afin de s'en forger une arme de conquêtes politiques. Ni les besoins profonds du prolétariat, ni l'idéal humanitaire et sociologique ne les ont fait surgir des rangs du peuple. Aussi sont-ils exempts de tout espèce de fanatisme.

Souples à l'excès, ils ne craignent jamais de mettre leurs actes en contradiction avec leurs théories, si ces apostasies intermittentes leur assurent un avantage. Tous leurs efforts tendent à maintenir une solide discipline, pour assurer l'homo-

---

[1] Karl Marx et Ferdinand Lasalle, l'un théoricien, l'autre agitateur, furent des socialistes et non des « sozialdemokrates », membres d'un parti politique reconnu et organisé.

généité du parti. Le *vulgum pecus* doit obéir. C'est ainsi que des millions de prolétaires se pressent en troupeau compact sous la houlette de leurs bergers. Pas un ne récrimine, pas un n'essaye de descendre au fond de lui-même, d'interroger les ténèbres de sa conscience, de discuter les vérités premières qu'on lui mâche chaque jour. Pas un n'a la curiosité de quitter la file et de marcher en dehors du chemin tout tracé. Trop de chiens vigilants les surveillent. Oh! le merveilleux instrument que cette plèbe allemande, pacifique et moutonnière, infiniment docile, infiniment puérile! Comme ils connaissent bien sa patience inlassable, les bourgeois rusés qui la guident!

En 1814, le roi de Prusse. pour stimuler le patriotisme de ses sujets et les inciter à chasser Napoléon, promit solennellement à son peuple les libertés constitutionnelles les plus élémentaires, celles qui conviennent à des hommes libres et conscients. Le sol national fut libéré. Sur la foi de la parole royale, le sang des humbles coula. Depuis, le pays s'est élevé au pinacle de la force et du succès. Mais le peuple attend toujours la liberté promise. L'obtiendra-t-il de ses nouveaux chefs ?

* * *

Mon camarade Karsten P... fut appelé à Breslau pour y travailler à la rédaction du journal socialiste de Silésie.

Il empaqueta ses hardes, les tomes de son Lexikon, la *Toteninsel*, la tête de Karl Marx et quitta la chambre où nous avions si souvent causé de l'avenir du peuple allemand, tandis que les pigeons roucoulaient sur le toit.

Un brave commissionnaire aux cheveux blancs chargea sa malle sur la voiture qui nous conduisait à la gare.

Le peuple de Munich est naïf et bon. Il aime la gaieté de

sa ville claire et spacieuse et son affection se reporte facilement sur les étrangers qui viennent s'y fixer.

Le vieux *Dienstmann* reçut son pourboire et dit à son compagnon : « Ça doit vous faire de la peine de quitter Munich, hein ? » Puis il ajouta mélancoliquement : « Allez, vous reviendrez ! Quand on a vu longtemps les tours de la *Frauenkirche*, on ne peut plus se passer d'elles. »

La voiture de Karsten P... démarra et le commissionnaire se mit à agiter sa casquette en signe d'adieu. Il connaissait bien mon ami, ayant fait mainte besogne pour lui.

A ce moment, un équipage officiel croisa l'humble sapin. C'était le prince Ludwig-Ferdinand de Bavière, qui rentrait au château. Il vit l'homme du peuple, tête nue, et se croyant salué, souleva son chapeau en s'inclinant poliment. Le vieillard secoua la tête et cria naïvement :

— Ce n'est pas vous que je salue, Altesse Royale, c'est monsieur Karsten P... qui *nous* quitte.

Le prince sourit.

La vie était patriarcale et douce à Munich.

* * *

Quand je revis mon camarade à Breslau, quelques années plus tard, il me parut fort aigri. Bavarois de mœurs et d'esprit, il ne pouvait s'habituer à la mentalité des Allemands du Nord. Leur arrogance blessait sa bonhomie méridionale et ses instincts frondeurs se plaisaient à flageller leur outrecuidance. A l'observer, au milieu de ses nouveaux compagnons, je compris combien la différence est grande entre ces races que la confédération impériale a juxtaposées.

Un soir, à la brasserie, un Berlinois loquace se mit à nous parler de Munich. Il avait reconnu la nationalité de Karsten P... et se gaussa des Wittelsbach :

— Vous avez un joli roi, — dit-il à mon ami en faisant allusion au malheureux Othon, — il est fou !

— C'est vrai, — répliqua Karsten P..., — mais nous l'avons enfermé et vous laissez courir le vôtre en liberté.

Cette repartie eut un grand retentissement et l'anecdote fut colportée dans toute l'Allemagne [1].

Bien que moralement malheureux, mon ami n'avait encore rien abdiqué de ses enthousiasmes. Il luttait courageusement. pour ses idées, mais je sentais qu'il était pris dans l'engrenage, un peu malgré lui. Son intelligence se révoltait contre les tâches qui lui étaient imposées. Et pourtant, il se taisait *par discipline*.

Grâce à lui, j'étudiai, dans tous ses détails, l'organisation remarquable qui préside, dans les grands centres, à l'éducation de la masse.

Dans chaque ville fonctionne un *Bildungsausschuss* (comité d'instruction) qui retient chaque année, à l'avance, toutes les grandes salles disponibles des quartiers populeux, d'une contenance de mille à cinq mille personnes. Chaque samedi, chaque dimanche et chaque jeudi une soirée socialiste est organisée, dans chacune de ces salles. Les programmes très éclectiques sont musicaux, littéraires ou dramatiques. La danse, elle-même, n'est pas oubliée.

Le comité engage les plus grands artistes de l'Allemagne et de l'étranger. Il peut les payer aussi cher que les entreprises bourgeoises les plus fortunées, car les salles sont toujours archi-combles et le prix des places, d'après la moyenne des salaires dans la région, varie entre trente et soixante pfennigs, ce qui assure des recettes de mille à trois mille marks. Cette recette est nette ; il n'y a aucun frais ou à peine. La location des salles ne coûte presque rien ; elles appartiennent, en géné-

---

[1] C'est en 1897 que ceci se passait. Depuis, on a rapporté cette réponse sous toutes les formes possibles.

ral, à des syndicats et l'énorme consommation de bière et de saucisses assure en tout cas les frais de chauffage et d'éclairage.

Les acteurs, les virtuoses, les cantatrices, les kapellmeister, les conférenciers se font un plaisir de « travailler » devant un public enthousiaste et reconnaissant *qui paye bien.*

Les comités, qui composent les programmes à leur gré, n'aiment guère la poésie ni le théâtre « révolutionnaires ». Tout ce qui peut exalter l'âme des masses est prudemment dosé. *Les Tisserands* de Gerhardt Hauptmann sont rarement joués ; les chants de révolte d'Herwegh, fort peu récités. « Pourquoi rappeler toujours à l'ouvrier sa condition misérable et nourrir inconsidérément sa rancune ? — disent les chefs, — il faut le *distraire.* »[1]

Le *Bildungsausschuss* répartit les billets entre les syndicats locaux qui les distribuent aux chefs de groupes, dans chaque usine, dans chaque atelier, dans chaque boutique coopérative. Tous y vont de leur obole. C'est l'ordre. Comme il n'y a qu'un prix unique par salle et par soirée, ils arrivent une bonne heure avant la représentation, afin d'avoir les meilleures places. Ils mangent la saucisse socialiste, ils boivent la bière socialiste, en attendant le programme socialiste. Beaucoup n'ont même pas pris le temps de changer de costume. Ce sont bien les travailleurs, les humbles, aux mains calleuses, aux visages fanés par l'effort quotidien. Ils sont remplis de bonne volonté, Ils font tout ce qu'on veut. Ils admirent, ils exaltent. Si on l'exigeait, ils lapideraient, ils tueraient même. Un mot suffirait... Mais ce mot-là, personne ne le leur dira. Les chefs ont trop peur de ne pouvoir endiguer le torrent qu'ils auraient déchaîné.

---

[1] Ce n'est pas la crainte de la police qui leur dicte cette réserve. Dans la plupart des villes, ces soirées ne sont pas soumises à la censure. La loi permet, en effet, de les considérer comme des réunions privées, parce qu'il n'y a pas de vente officielle et *publique* de billets. Seules, les réunions *politiques* privées sont soumises à la surveillance de la police.

Un camarade intellectuel fait une courte causerie, pour éclairer l'auditoire, sur l'œuvre ou sur l'interprète. Des programmes explicatifs sont distribués. Le journal du parti, le seul que lisent les prolétaires, a doctement catéchisé ses abonnés.

La foule est tout yeux, tout oreilles. On entendrait voler une mouche. Rien n'est plus impressionnant que le spectacle de ces grands enfants silencieux et pleins de respect, dont les applaudissements prennent des allures de cataclysme. Ils acceptent bénévolement la nourriture intellectuelle qu'on leur présente, mais ils dévorent en gloutons sans s'inquiéter de la valeur des mots. Ils applaudissent également une sonate de Beethoven et une sélection de Leoncavallo. Max Rosenthal les émerveille ni plus ni moins qu'un cithariste tyrolien.

« Applaudissez, camarades, l'art subtil des bourgeois. Grâce à nous, vous en avez les moyens. Ce sont les mêmes artistes qui jouent devant les riches. Vous les payez comme eux. Vous êtes aussi forts qu'eux. Vous deviendrez plus forts. Patience! » Voilà ce qu'on leur dit. Ils ont confiance. Ils sont heureux que d'autres pensent et agissent pour eux.

C'est ainsi que chaque soir, dans les grandes villes, l'état-major sozialdemokrate sait où retrouver son armée. Elle s'entasse entre sept et onze heures dans les immenses salles que lui a louées l'«organisation». Pendant ce temps, le télégraphe et le téléphone fonctionnent. Entre deux scènes de Shakespeare des transparents lumineux annoncent aux spectateurs les résultats de telle élection ou de telle interpellation.

S'il le faut, un «Genosse» paraît devant le rideau pendant un entr'acte et transmet à la foule la parole des chefs.

Jamais, dans le vaste empire, l'ouvrier n'est abandonné à lui-même.

* * *

La population rurale est rebelle à la propagande socialiste. Là, comme partout, le paysan est individuellement attaché à la terre.

Mon ami Karsten P... me confia qu'un essai venait d'être tenté aux environs de Breslau. Deux ou trois villages avaient été travaillés par le parti et, peu à peu, les habitants s'étaient laissé enrégimenter. Il s'agissait, à présent, d'essayer les bienfaits du *Bildungsausschuss* sur les nouvelles recrues. On avait loué une petite salle, dans l'un de ces villages, et l'on voulait y donner une soirée récréative, modeste pour commencer : quelques vieilles chansons populaires accompagnées au luth et interprétées, dans un costume *biedermeier*, par une artiste de Munich.

Mon camarade avait été chargé de l'organisation ; il m'invita. Nous partîmes, avec la chanteuse, par un petit chemin de fer vicinal. Une voiture de maraîcher vint nous prendre à la gare, distante de quelques kilomètres du bourg, et nous conduisit au *Wirtshaus*, où devait avoir lieu le concert.

La pièce basse, où d'ordinaire les farauds du village venaient danser au son d'un accordéon, avait été transformée en salle de spectacle. Quatre tonneaux de bière vides, réunis par des planches, formaient la scène. Une grosse lampe à pétrole servait de rampe.

A la lueur fumeuse de cette lampe on distinguait l'auditoire, tout au plus une centaine de personnes affalées sur des bancs de chêne. Les femmes avaient conservé leur fichu de toile sur leurs cheveux. Elles me rappelaient les paysannes d'Argenteuil occupées à biner leurs champs de pommes de terre. Les hommes, aux faces creusées, aux fronts bas et têtus, fixaient obstinément les tréteaux vides et gardaient une immobilité silencieuse.

Karsten P... grimpa sur les tonneaux et prononça quelques phrases très simples pour inaugurer la soirée. Pas un visage ne s'émut. Le silence demeurait glacial. Quand la chanteuse parut en scène, sa crinoline fit glousser les femmes à qui l'ancien costume semblait comique. Elles étouffèrent leurs rires et ne pipèrent plus. Les vieux lieds allemands, si naïfs et si mélodieux, ne produisirent aucun effet. Une gêne invincible pesait sur la salle. A peine si les malheureux comprenaient qu'une chanson venait de finir et qu'une autre avait commencé.

Quand la chanteuse disparut, ils se levèrent et quittèrent la salle, sur la pointe des pieds comme à l'église, en jetant des regards craintifs sur mon camarade.

La voiture nous ramena à la gare. L'air frais de la nuit dissipa peu à peu notre accablement.

— C'est une soirée manquée! — fis-je en riant.

Karsten me regarda un moment sans répondre, puis il dit:
— *Ihre Enkel werden erst Menschen... vielleicht.*

(Leurs petits-enfants seront des hommes... *peut-être.*)

Je pensai qu'en attendant, c'était toujours du bétail pour les élections.

* * *

Karsten P... quitta Breslau pour la rédaction du *Vorwœrts* à Berlin. Il y mena longtemps une campagne violente en faveur de la réforme électorale en Prusse. Quelque temps avant la guerre, il fut désigné par le parti comme candidat sozialdemokrate d'un des faubourgs de Berlin. Il fut élu et prit place sur les bancs du Reichstag.

Je le rencontrais souvent dans une famille amie où venaient également dîner les trois frères Liebknecht dont l'un, le député, fait actuellement parler de lui. Nous évoquâmes le passé, notre jeunesse munichoise, nos thés bruyants au fond du jardin plein d'ombrage, mais nous évitions de rappeler nos rêves généreux.

Quand je mesurais la route parcourue et la carrière ascendante de mon ami, je ne pouvais m'empêcher de constater que pas un des espoirs caressés jadis par lui n'avait été réalisé. La mise en pratique des théories du vieux Proudhon, que les intellectuels allemands s'étaient tant vantés d'appliquer, ressortissait plus que jamais à l'utopie. Né hors du peuple et dicté par les circonstances, le mouvement sozialdemokrate n'avait fait qu'accuser l'abîme qui sépare encore le peuple de la bourgeoisie.

Cette bourgeoisie fraîchement parvenue avait mis la main sur la masse pour mieux étayer ses revendications personnelles. La mentalité qui régnait dans les sphères gouvernementales était, au fond, la même que celle qui animait les chefs de l'opposition ouvrière.

La Prusse préconisait hypocritement l'union politique des nations allemandes et organisait le fonctionnement de l'empire à son profit, tout comme les manitous de la Sozialdemokratie prêchaient la communion du prolétariat pour mieux asseoir leur domination. Et la grande ignorance de la foule, son manque évident de maturité morale et de culture individuelle étaient à tous leur suprême atout.

Que peut dans un tel état de choses la bonne foi indiscutable d'un Liebknecht ou l'outrance révolutionnaire d'une Rosa Luxemburg ? Que signifient les révoltes brutales et sporadiques qui secouent parfois quelques milliers de désabusés ?

Je vis un jour le kaiser descendre, comme il le faisait chaque printemps, la fastidieuse *Friedrichsstrasse*, à la tête de sa garde. Il revenait du *Tempelhoferfeld* où il avait passé la garnison en revue et caracolait sur son cheval pommelé. Son armure d'argent brillait au soleil ; son casque était emphatiquement surmonté de l'aigle prussien. Entouré de son état-major chamarré, il considérait avec orgueil la foule grouillante des bourgeois que les *Schutzleute* endiguaient le long des trottoirs. Les mouchoirs s'agitaient et les bouches loyales criaient des vivats.

Au coin de la *Leipzigerstrasse,* sur un bâtiment en construction, une centaine d'ouvriers encombraient les échafaudages. Ils regardaient curieusement le défilé, le cigare aux lèvres, les mains dans les poches, la casquette rivée sur la tête. Pas un cri, pas un geste. Le kaiser les aperçut, éperonna sa monture et passa, courroucé.

Le symbole avait sans doute quelque grandeur. Au-dessus de la foule adulatrice et de son empereur étincelant, le prolétaire attendait son tour, confiant dans sa force obscure et sûr de ses destinées.

Toutefois il faut se méfier des symboles. Aucun de ses ouvriers ne portait en lui le germe fécond des moissons futures. Ils ne descendaient pas comme les nôtres des sans-culottes de 1793 et des émeutiers des Trois Glorieuses. L'âpre chant de la liberté humaine n'avait jamais remué les entrailles de leurs ancêtres. Ils ne personnifiaient pas, sur leur échafaudage, l'avenir d'une race opprimée, prête à secouer son joug. S'ils ne saluaient pas l'empereur, c'est qu'on le leur avait défendu, simplement. *Es ist die Parole* (c'est la consigne).

Je me rappelle encore l'aveu que me fit Karsten P..., devenu leader de son parti, un jour où je lui demandais, après le succès inespéré des dernières élections, ce qu'il comptait faire si jamais la Sozialdemokratie obtenait enfin la majorité et le droit de gouverner l'Allemagne à sa guise.

— Ce que je ferai ? — me répondit-il d'un air ironique, — Je passerai dans l'opposition...

Ce n'est pas au peuple allemand qu'il faut en vouloir, c'est à ses mauvais bergers.

CHAPITRE III

ARTISTES, MONARQUES ET CENSEURS

Les censeurs allemands .   .   .   .   .

.   .   .   .

.   .   .   .

.   .   .   . imbéciles .   .   .   .   .

.   .   .   .

.   .   .   .

(Reisebilder.)   HENRI HEINE.

LA *Hofbräu*, à Munich, réunit, chaque matin, dans une courette avenante, ornée de tonneaux en guise de tables,
les personnages les plus divers. L'étranger y coudoie l'autochtone ; le bourgeois s'y mêle à l'ouvrier, le prince y trinque
avec le commissionnaire. Dans cet asile une égalité pleine de
bonhommie efface, un instant, toutes les différences sociales.
On choisit sa cruche de grès dans un grand bac de pierre, on
la lave soi-même au robinet, on prend la file devant le
comptoir où le *Schenkkellner* (échanson), en tablier vert,
remplit, à même le tonneau, les *maass*, qui lui sont tendus ;
puis on va boire sa bière mousseuse devant une des tables
improvisées, en échangeant des propos amènes avec ses compagnons de fortune. Quelques arbres étiques étendent leurs
rameaux vert pâle au-dessus des consommateurs ; un peu de
clel bleu sourit du haut des murailles à pic ; l'air matinal est
imprégné d'un arome capiteux d'orge et de houblon. Le liquide frais et velouté glisse voluptueusement sur la pente des
gosiers et les regards attendris des buveurs attestent la fra-

ternité de la soif devant la boisson égalitaire et nationale.
Quand on retourne à ses occupations, on a le ventre un peu
lourd, mais le cœur plus léger.

La première fois que je pénétrai dans la cour de la *Hofbräu*,
j'y rencontrai un homme corpulent, de haute stature, à la
mine bienveillante, au menton orné d'une longue barbe dorée,
aux yeux vifs, abrités sous des lunettes d'or. Il m'interpella
familièrement :

— *Sie sind wohl ein Künstler?* (Vous êtes un artiste, n'est-
ce pas ?)

Mes longs cheveux noirs l'avaient sans doute intrigué. Je
heurtai poliment mon cruchon de bière contre le sien et bre-
douillai :

— *Jawohl !*

La façon maladroite dont j'accentuai ces deux syllabes lui
révéla mon origine ; il remarqua :

— Vous êtes Français ?

Son visage s'éclaira ; il devint cordial et loquace.

— Je ne sais guère le français — dit-il — et pourtant je
l'ai appris dans le temps ; j'ai la tête très dure comme tous
les Bavarois. Tout ce dont je me souviens encore, c'est de la
scie qu'on nous apprenait à l'école :

> Le bœuf, *der Ochs ;* la vache, *die Kuh.*
> Fermez la porte, *mach'die Thür zu !*

Il se mit à rire béatement, d'un gros rire qui secouait sa
graisse.

— Vous vous plaisez chez nous ? — ajouta-t-il

— Beaucoup, — répondis-je.

— C'est très bien, très bien.

Il renversa la tête, vida sa cruche d'un seul trait, la reposa
bruyamment sur le tonneau et déclara :

— Moi aussi je suis artiste. Je suis musicien.

Puis il partit en me secouant familièrement la main.

C'était le prince Louis-Ferdinand de Bavière.

Cette anecdote donne une idée du ton qui règne à la cour de Munich.

Les Wittelsbach se mêlent volontiers à la population et leurs rapports avec les artistes sont empreints de cordialité et de bonhomie. Certes les temps sont passés des mécènes autoritaires, tels Maximilien Ier et Louis II. Les princes actuels, dégénérés et moins fortunés que leurs ancêtres, n'ont pas l'esprit très ouvert ni une compréhension profonde des aspirations intellectuelles de leur peuple. Toutefois ils ressentent un certain respect pour les arts qu'ils ignorent ou qu'ils connaissent mal ; ils ne songent point à user de leur autorité pour imposer aux autres leurs façons de voir et ils ne récompensent pas exclusivement ceux qui savent se montrer serviles. Aussi n'y a-t-il pas d'art *officiel* à Munich.

Le vieux prince-régent, feu Luitpold, qui n'avait qu'une passion, la chasse au chamois et ne comprenait goutte à la peinture, s'imposait néanmoins la corvée d'inviter chaque dimanche, à sa table, cinq ou six peintres et sculpteurs notoires. On y buvait d'excellents vins du Palatinat et les cigares de la Havane, dont on se bourrait les poches en partant, étaient exquis. La conversation se traînait péniblement de lieux communs en lieux communs, mais sans aucune prétention, et les journaux du lundi citaient régulièrement le nom des artistes qui s'étaient attablés la veille avec le régent. Toutes les écoles, toutes les tendances étaient également honorées. Stück et Lenbach, ennemis irréconciliables, oubliaient leur rivalité devant leur hôte royal.

Un de mes amis, le sculpteur B..., eut, un jour, la malencontreuse idée de louer emphatiquement les mollets musclés du vieux prince, qui aimait à les exhiber en arborant la culotte courte des montagnards bavarois, quand il allait chasser à

Neuschwanstein [1]. Cette flatterie valut à mon ami l'honneur de prendre un moulage des jambes augustes du chasseur. Toutefois, impressionné par cette marque de haute bienveillance, peut-être aussi par le champagne qu'il avait copieusement sablé à la table du prince, il négligea les précautious techniques les plus élémentaires. Le plâtre adhéra douloureusement aux mollets de Luitpold, qui les avait fort poilus. Il fallut briser le moulage, en mille pièces, ce qui fit sacrer la victime, sans altérer néanmoins, par la suite, l'urbanité de son accueil.

Le prince Louis, actuellement roi de Bavière, s'adonnait à la médecine. Ses travaux d'oculiste lui ont valu plus de célébrité que ses prouesses politiques.

Le prince Louis-Ferdinand, médecin également, jouait avec ardeur du violon et, dans son grand désir de se rendre utile, il imposa sa collaboration au *Musikdirektor* de l'Opéra royal. Mottl et son successeur Zumpe firent souvent la grimace en entendant le crin-crin de l'altesse royale ; cependant, comment en vouloir à ce prince bénévole qui ne manquait pas une répétition et travaillait en bras de chemise parmi le vulgaire troupeau des *Musikanten*, fier de tenir sa partie et de jouer un rôle, si humble soit-il ?

Au cours d'une de ces répétitions — on étudiait *Siegfried* — un valet de pied de la cour s'avança vers l'orchestre invisible et appela son maître :

— Vous m'excuserez, — dit le prince au chef d'orchestre, en lâchant son violon pour passer son veston, — un malade me réclame.

Zumpe acquiesça poliment, heureux au fond d'être débarrassé de son musicien d'occasion. La répétition se poursuivit. Une heure plus tard, Zumpe, tout en battant la mesure, eut

---

[1] Un des châteaux célèbres de Louis II.

un frémissement ; son oreille délicate avait reconnu les coups d'archet du prince ; il se retourna, étonné, Louis-Ferdinand avait repris sa place. Le kapellmeister, sans interrompre l'orchestre, se pencha vers le violoniste :

— Eh bien, Altesse Royale, et votre malade ? — demanda-t-il.

— *Er isch' scho' hin !* (il est déjà mort) — avoua philosophiquement le prince en dialecte bavarois, tout en continuant à jouer.

Grâce à cette royauté bourgeoise, Munich a pu conserver longtemps son caractère de vieille ville artistique. La tradition y sauvegarde l'allure médiévale des fêtes populaires. Le carnaval y abolit, pendant plusieurs semaines, toutes les règles de la vie normale. Le 6 janvier, le prince des fous reçoit des mains du roi, à la fenêtre de la résidence, les pouvoirs suprêmes. Toute la population se tutoie. Les castes sont supprimées, la morale bourgeoise n'a plus cours. La ville jette joyeusement sa gourme ; les masques bruyants parcourent les avenues. On dit tout ce qu'on pense, on fait tout ce qu'on veut. Mais quand minuit sonne à la cathédrale dans la nuit du mardi-gras, le prince carnaval abdique et meurt, on l'enterre et les bourgeois, soulagés et repus, reprennent, dans le matin gris du mercredi des cendres, le lourd collier des convenances sociales.

L'*Oktoberfest*, kermesse d'automne, enlumine la *Theresienwiese* (sorte de Champ-de-Mars) de banderolles bleues et blanches, aux couleurs nationales. On croirait voir revivre le tumulte joyeux de la *Festwiese* des *Maîtres-Chanteurs* de Wagner. Les baraques multicolores abritent les montagnards aux costumes suggestifs. La bière coule à flots. Des bœufs entiers rôtissent en plein vent à la flamme de bûchers monstrueux ; la graisse grésille et flambe ; la chair se dore en crépitant. La ripaille populaire revêt des apparences gargantuesques. Parmi la foule bruyante circulent de longs haquets, chargés de tonneaux de bière. Ils sont traînés par de puissants mecklembourgeois, aux croupes luisantes de force, recouverts de harnais de cuir fauve où tintinnabulent joyeusement de lourdes plaques de cuivre rouge.

Au printemps, c'est la danse des tonneliers (*Schäfflertanz*), instituée à la suite d'un vœu fait en 1658, année où la peste visita la métropole. Les compagnons et les apprentis, en costumes de l'époque, se réunissent devant la gracile fontaine de la Vierge, sur la place du *Rathaus*. Ils parcourent ensuite la cité pendant huit jours et reproduisent leurs chants et leurs danses traditionnels devant les maisons des citoyens les plus en vue. La ville se pare de couleurs vives et prend un air de fête.

* * *

La censure bavaroise, qui sauvegarde les droits de la couronne et de la morale, est assez large. Les lois, qui la régissent, s'adoucissent de toute la rancune qui sommeille aux cœurs munichois contre la prédominance de la Prusse. Les crimes de lèse-majesté n'existent que pour le kaiser. Jamais un Wittelsbach n'a eu à mettre en branle l'appareil judiciaire, afin de sauvegarder son honneur royal. La simplicité des princes les met à l'abri de la satire. Quand il s'agit de l'empereur, les autorités sont obligées d'intervenir ; elles le font à contre-cœur et ménagent l'inculpé de façon discrète.

Frank Wedekind, qui collaborait en 1898 au *Simplicissimus*, y publia une poème cinglant, intitulé le *Zoologue de Berlin*. Il disait dans la dernière strophe :

> *D'rum vor Zoologie studieren*
> *Hütet sich ein jeder, wenn er jung,*
> *Denn es schlummert in den meisten Tieren*
> *Eine Majestätsbeleidigung.*

> C'est pourquoi chacun doit se garder
> D'étudier la zoologie quand il est jeune,
> Car dans chaque animal sommeille
> Un crime de lèse-majesté [1].

Le procureur royal donna l'ordre d'arrêter le coupable, qui avait précisément ce jour-là une première au *Schauspielhaus*, mais la police avertit bénévolement le directeur du théâtre qu'elle viendrait chercher le délinquant le soir, à la sortie. Wedekind, prévenu, prit le premier train pour Paris, sans être autrement inquiété.

Je dirigeais alors à Munich un théâtre célèbre qui a fait époque dans l'évolution artistico-littéraire de l'Allemagne. Les écrivains, les peintres, les musiciens les plus audacieux de Bavière y montaient à l'assaut des vieilles formules. D'aucuns aimaient, entre deux scènes dramatiques, à flageller les mœurs politiques de l'Allemagne et disaient, sous une forme amusante, tout ce qu'ils avaient sur le cœur, sans compromettre leur liberté.

Un poète lyrique, Leo Gr., eut une fois idée de parodier un numéro de music-hall : le peintre-express,

Sous le masque d'un hypnotiseur hongrois, il présentait au public un caniche noir (le *Pudel* du docteur Faust) ; je jouais ce rôle émotionnant. Après quelques passes magnétiques, accompagnées d'un discours de circonstance, il posait à l'animal des énigmes en quatrains rimés et le caniche les résolvait en caricaturant sur une feuille blanche la personnalité visée.

Toute la valeur du numéro résidait dans la teneur des énigmes où la satire la plus violente, bien que détournée, éveillait la curiosité maligne des spectateurs.

Le cycle de ces quatrains se terminait par la description d'un polichinelle, nasillard et agité, qui parlait à tort et à

---

[1] Sans penser à mal, le malheureux zoologue, dont parlait le poète, avait trouvé dans le cochon, dans l'âne et dans le chameau quelques traits communs à un monarque, ce qui lui avait valu un an de prison. D'où cette moralité.

travers, se contredisant perpétuellement lui-même, décidait, avec autant d'arrogance que d'ignorance, des destinées politiques et littéraires de l'Allemagne et cachait sa bosse originelle sous les accoutrements les plus grotesques. Il est facile de deviner quelle caricature devait accompagner cette diatribe.

La censure reçut les textes pour y apposer son visa. On me convoqua. Le jeune référendaire chargé du service des théâtres me demanda s'il pouvait voir les dessins. Je lui répondis que la chose était difficile, ces dessins étant improvisés chaque soir. Il insista, prétextant qu'il ne pouvait autoriser les textes sans prendre connaissance des portraits.

Je savais fort bien où il voulait en venir. Le lendemain, je lui apportai tous les croquis. Sur son bureau il avait préparé deux photographies de l'empereur d'Allemagne, une en militaire, l'autre en civil. Je ne pus réprimer un sourire. Il se hâta de regarder le dernier dessin de la série; il fut extrêmement surpris en reconnaissant les traits de Bülow.

— Est-ce bien exact ? — demanda-t-il. — C'est vraiment le chancelier que vous allez dessiner chaque soir ?

— Parfaitement; — répondis-je, et j'ajoutais, après un silence : — qui donc avez-vous cru que c'était ?

Il me rendit textes et dessins, sans ajouter un mot.

Toutes les rigueurs de la censure, en Bavière, sont réservées aux contempteurs de la religion catholique. Ludwig Sch.., le poète socialiste, fut condamné à cinq mois de forteresse pour avoir déclaré du haut de la scène, dans un poème farouche :

> Je ne crois pas en votre Dieu !
> C'est un vieil impotent.

L'empereur est certainement moins vigoureusement défendu. Il suffit de prendre des formes pour arriver à dire ce qu'on pense de lui.

Je me rappelle, cependant, une aventure qui faillit me

coûter cher, à cause de l'intervention intempestive de l'ambas-sadeur de Prusse auprès de la cour de Bavière.

Guillaume retenait alors l'attention publique en composant un ballet. Nous avions, dans notre théâtre, un orchestre invisible comme à Bayreuth et nous inaugurions nos soirées par l'exécution de compositions symphoniques inédites, ce qui donnait aux jeunes musiciens l'occasion de se révéler au public.

A la place d'un de ces morceaux d'introduction je fis étudier le *Sang an Aegir* avec chœurs, de Sa Majesté l'Empereur. Notre programme mentionnait l'œuvre sur une page spéciale; un caricaturiste du *Simplicissimus* en avait dessiné les vignettes. Il est inutile de dire de cette composition impériale est parfaitement inepte, Les auditeurs, étonnés d'abord, finirent par comprendre et des rires étouffés fusèrent. Dans le fond nous étions tous mal à l'aise.

Le résultat ne fut pas long à attendre. On me manda chez le préfet de police. J'avais emporté avec moi l'exemplaire du *Sang an Aegir*, acheté 3 mark 50 chez un libraire musical. Je fis remarquer au fonctionnaire que la couverture portait cette remarque : « Tout acheteur de la partition de piano acquiert le droit de l'exécution publique. »

Le préfet secoua la tête et déclara :

— Je sais fort bien dans quelle intention vous avez agi.

— Seul, l'intérêt de l'art est mon guide dans le choix de mes programmes, — répondis-je. — Prouvez-moi le contraire !

Le fonctionnaire devint menaçant.

— N'oubliez pas que vous êtes étranger. Nous ne vous mettrons pas dedans, mais dehors.

— C'est beaucoup d'honneur pour moi, — repris-je ; — vous en ferez moins à Sa Majesté en énonçant les motifs de mon expulsion.

— Allons, — termina le chef de la police d'un air bourru,

— vous vous êtes assez amusé. Rayez la pièce de votre programme. Ces messieurs de Berlin ne plaisantent pas.

Je n'avais qu'à m'incliner. Le morceau disparut de notre répertoire, au grand soulagement des auditeurs.

Cette haine sourde contre l'hégémonie du Nord de l'Allemagne se traduisait journellement dans tous les milieux intellectuels. Lors d'une représentation de l'*Orphée* de Gluck, au *Hoftheater* de Munich, un écrivain bavarois répondit à un critique berlinois qui lui demandait comment on prononçait le titre de la pièce en dialecte munichois :

— C'est bien simple. Nous disons « *Orfeus* », absolument comme nous disons « *Saupreuss* » (cochon de Prussien).

* * *

A Breslau, je pris contact avec la censure prussienne. Celle-là ne badine pas. Ses fonctionnaires, pleins de morgue, ont des gestes arbitraires qui soulignent merveilleusement l'esprit autocratique et obtus de la monarchie des Hohenzollern.

Dans *la Lettre chargée* de Courteline, le censeur me raya impitoyablement une phrase, où l'employé des postes rappelle à La Brige les cent sous qu'il lui prêta un soir où ce dernier avait oublié son porte-monnaie, sous le prétexte effarant que, « quand on a besoin de cent sous à une heure aussi tardive, c'est forcément dans un but immoral ».

Toutes ces vexations s'adressaient moins à l'auteur qu'à notre compagnie. L'arrivée de mon théâtre munichois, dans une ville prussienne, avait mis les autorités en émoi. Elles connaissaient les allures frondeuses de ce milieu et pressentaient, sous chaque ligne, un traquenard abominable tendu au loyalisme des brebis, soumises à leur houlette.

On commença par pratiquer des coupes sombres dans

toutes les pièces et dans tous les poèmes. On voulut même interdire l'affichage de nos lithographies, en raison de la teinte rouge du fond que ces messieurs appelaient « du rouge socialiste ».

Je dus aller m'humilier devant le *Polizeiprœsident* et comme j'énonçais humblement les noms autorisés de nos collaborateurs et l'indéniable réputation artistique, dont nous jouissions à Munich, j'entendis cette réponse bien prussienne :

— Une ville où paraît le *Simplicissimus* n'est pas une ville allemande ; un théâtre où l'on joue du Frank Wedekind n'est pas un théâtre allemand.

Wedekind avait fait un an de forteresse pour crime de lèse-majesté et le dessinateur de notre affiche, Th. Th. Heine, avait eu maille à partir avec le procureur impérial.

* * *

Berlin est la ville où l'art « officiel » s'étale avec le plus d'impudence. Le kaiser, dont l'ambition démesurée ne connaît point de limites, prétend régenter le goût de son peuple comme il dirige la politique de la Confédération. Il ne supporte aucune contradiction. Son entourage flatte servilement tous ses penchants et s'empresse de réaliser ses projets les plus insensés.

Comme Guillaume II est avant tout roi de Prusse, il désire que sa résidence devienne le centre artistique de l'empire. Jusqu'ici la décentralisation politique de la Confédération assurait à chaque pays son indépendance d'évolution. Peu à peu la métropole prussienne étend ses tentacules et absorbe toutes les forces de l'Allemagne. Aussitôt qu'un artiste commence à devenir une notabilité locale, l'empereur l'appelle à Berlin et se l'attache à un titre quelconque, mais il faut que l'élu se plie aux exigences de son nouveau maître. C'est ainsi que beaucoup de talents s'atrophièrent rapidement sur les bords de la Sprée et perdirent toute leur individualité première, sous l'influence des Hohenzollern. Ceux qui surent rester indépendants, comme Liebermann et feu Menzel, sont des exceptions, fort peu sympathiques à l'empereur. La majorité des artistes accepte, avec les honneurs et les sinécures, toutes les tâches que le mauvais goût royal impose.

Le kaiser a pris à cœur d'embellir sa capitale, à sa façon. Chaque place, chaque square s'est progressivement orné de statues de marbre dont la blancheur immaculée souligne la laideur. Le *Tiergarten*, en hiver, est d'un aspect lamentable. Entre les branches moroses des arbres dépouillés on aperçoit la théorie fantomatique des monuments officiels, gigantesques et ridicules morceaux de sucre semés dans les taillis. La *Siegesallee* (allée de la Victoire) est devenue la risée de toute l'Allemagne. Toute cette lignée de Hohenzollern, que la volonté de Guillaume a voulu tirer de l'oubli où l'histoire les avait prudemment ensevelis, a été faite d'inspiration, et quelle inspiration? Les traits de la plupart des électeurs de Brandebourg n'ayant pas été conservés, il a fallu les inventer ou les copier au hasard. Les Berlinois amusés se plaisent à reconnaître, par exemple, dans la statue d'*Otto der Faule* (Othon le paresseux), la face réjouie d'un charcutier célèbre de la *Friedrichsstrasse* qui servit de modèle au sculpteur.

La perspective de la porte de Brandebourg, l'un des rares monuments de Berlin qui possède un certain caractère de vétusté romantique, a été complètement gâtée par l'adjonction d'une balustrade moderne de marbre blanc, surmontée de bustes sans expression. Le Roland de Berlin, érigé en pendant à la lourde colonne de la Victoire et autour duquel tournent docilement les automobiles à destination des quartiers de l'ouest, est une affreuse pièce montée en chocolat.

Tout a été fait sur les indications de l'empereur. Il surveille l'exécution de ses volontés jusque dans les plus petits détails. Un des sculpteurs les plus connus de Berlin me racontait que Guillaume venait voir, chaque jour, dans son atelier, avec une ponctualité toute militaire, l'ébauche en glaise d'une statue monumentale qu'il lui avait commandée. Comme le mouvement d'un des bras du personnage représenté ne plaisait pas au kaiser et que l'artiste était en froid avec lui, il sortit une fois son sabre et trancha, d'un coup sec, le membre incriminé, puis il remit l'arme au fourreau et tourna les talons, en disant d'un air rogue :

— Vous me changerez cela, n'est-ce pas ?

En vain quelques personnes influentes essayèrent de l'intéresser à l'art moderne, il se refusa complètement à admettre d'autres formules que celles qu'il préconisait. Il ne manqua pas une occasion de bien marquer son mépris des novateurs. Il les détestait avec la même force qu'il haïssait les sozialdemokrates. Il engloba dans la même réprobation son cousin, le grand-duc de Hesse-Darmstadt, protecteur de la jeune école. A Berlin même, tout le monde se rappelle encore la visite qu'on voulut lui faire faire au Salon de la *Sécession*. Un des plus grands critiques d'art, dûment titré et décoré, avait été désigné pour le recevoir. Il devait s'efforcer d'atténuer la rancune du souverain et de l'intéresser progressivement, par de doctes explications, aux mérites des peintres impressionnistes. Le kaiser ne laissa pas le temps au Herr Professor d'ouvrir la bouche. Dès qu'il l'aperçut, à l'entrée du péristyle, il marcha droit vers lui et l'apostropha rudement :

Herr Professor, wir müssen Front machen gegen die moderne Richtung. (Nous devons faire front contre les tendances modernistes.)

Le malheureux savant ravala toutes ses explications et l'empereur partit sans daigner regarder une toile.

Il est inutile d'ajouter que cet homme, qui se croit à la fois monarque et artiste de droit divin, commet journellement les impairs les plus invraisemblables, que personne n'ose relever,

A l'entrée du Kurfürstendamm, l'artère la plus élégante de Berlin, Guillaume II a fait construire une église protestante monumentale en style roman, la *Gedächtnisskirche*. Il poussa l'amour de la reconstitution architecturale jusqu'à exiger que toutes les façades des maisons et des magasins, donnant sur la place, fussent dans le même style. (Je crois même qu'il fut vaguement question, pour un petit édicule d'utilité publique sur l'un des refuges, d'adopter aussi le style roman.) Le clocher de cette église est surmonté d'une croix d'or d'où s'échappe une longue tige qui supporte une étoile, également dorée. Cette merveille n'a d'autre mérite que d'avoir coûté quelque cinquante mille marks, pour être hissée à une telle hauteur.

Quand l'architecte présenta ses plans, le clocher de l'église se trouvait dans l'axe médian de la feuille ; une légère ligne au crayon le partageait de bas en haut et cette ligne se terminait à chaque extrémité, par un point de repère au crayon. La symétrie voulut que cette ligne et ce point de repère se prolongeassent vers le haut, au-dessus de la croix architecturale qui surmontait le clocher. L'empereur, en examinant le dessin, déclara avec enthousiasme :

— Je suis ravi. Vous avez eu une très belle idée en mettant, au-dessus de notre croix, l'étoile de Bethléem, qui brille au faîte de la maison de Dieu.

Personne n'osa remontrer à l'empereur que ce malheureux signe n'était qu'un point de repère et non pas l'étoile des rois-mages. On préféra dépenser une fortune plutôt que de contredire Sa Majesté.

*   *   *

La censure de Berlin est moins acrimonieuse que celle des villes de province prussiennes. La bourgeoisie riche et libérale exige plus de ménagements et le voisinage des grands quotidiens refroidit un peu le zèle intempestif des fonctionnaires. Ils se rattrapent quand il s'agit du peuple qu'ils ont le devoir de maintenir dans la servitude et dans l'ignorance.

Il y a quelques années, une organisation socialiste de Berlin me pria de venir, avec ma compagnie de Munich, organiser une grande soirée pour ses adeptes. On loua à Rixdorf, faubourg de Berlin, une salle de brasserie qui contenait sept mille personnes. La police dut établir un service d'ordre.

Quand je débarquai à Berlin, deux chefs socialistes m'attendaient sur le quai de la gare pour m'apprendre que la censure avait supprimé les trois quarts du programme[1]. Me sachant en bons termes avec le conseiller d'État, qui décidait en dernier ressort, ils me supplièrent d'intervenir immédiatement.

Je connaissais personnellement le fonctionnaire compétent, M. de Glasenapp, *Oberregierungsrat*. Je me hâtai donc de lui rendre visite, la représentation ayant lieu le soir même. Mes deux sozialdemokrates m'accompagnèrent. Je n'oublierai jamais la réception qui me fut réservée. Autant M. de Glasenapp s'était toujours montré plein de prévenances à mon égard, autant il me rudoya ce jour-là. Je réussis, néanmoins, à obtenir la main-levée de plusieurs interdictions. Comme j'avais l'intuition que la colère du fonctionnaire était surtout dirigée contre mes deux compagnons, je les laissai partir et je restai seul avec le conseiller d'État. Il redevint immédiatement le gentleman que j'avais toujours connu, mais il me dit avec amertume :

— Vous n'avez pas honte, vous, un artiste, de vous montrer à cette plèbe *(diesem Pack)!*

— Monsieur le conseiller, — répondis-je, — pour tout

---

[1] C'était illégal. Les autorités, en raison du nombre excessif des auditeurs, se refusèrent à admettre le caractère privé de la soirée, bien qu'il n'y eut aucune vente publique de billets. En réclamant violemment, les organisateurs ne firent qu'envenimer le conflit..

(DESSIN DE SCHULZE.)

Un habitué de la petite courette de la *Hofbräu*, à Munich.

artiste, qui a vraiment quelque chose à dire, chaque auditeur est également cher, l'ouvrier comme l'homme riche.

— Non, — répliqua-t-il vivement, — vous jetez vos perles à des cochons.

— Merci pour la manière flatteuse dont vous estimez nos productions ; je m'étonne simplement de la sollicitude que vous mettez ce soir à escamoter la plupart de ces « perles ». Vous connaissez tout notre répertoire et vous l'avez autorisé devant des spectateurs bourgeois, au nombre desquels vous avez figuré souvent, du reste.

— Ce qui convient aux gens éduqués ne convient pas aux prolétaires. Ils voient partout des raisons de douter de la justice sociale ; ils cherchent, sous chacune de vos phrases, des excitations contre l'ordre établi.

Et comme il voyait que je gardais un silence sceptique, il ajouta :

— Croyez-moi, nos fonctions sont délicates.

— Délicates et tristes, — lui dis-je en me retirant, car ma qualité de Français me donnait le droit d'être sincère.

Notre soirée eut lieu devant un public enthousiaste. Malgré l'énorme foule, je n'eus pas de peine à découvrir, parmi tous ces ouvriers, l'espion que la police avait chargé de veiller à la stricte observance des interdictions. Un dîner plantureux, arrosé de plusieurs bouteilles de vieux vin de France, le mit bientôt dans l'impossibilité de nuire. Il ronfla sous une table, tandis que nous donnions à nos plébéiens toutes les « perles » confisquées.

On se défend comme on peut à Berlin contre la tutelle encombrante de S. M. : *Sa Majesté* disent les féaux sujets, aveugles et moutonniers, *Siegfried Mayer*, traduisent ironiquement les désabusés d'hier, qui deviendront les révoltés de demain, peut-être.

CHAPITRE IV

FEMMES ALLEMANDES

> Les naturalistes disent que dans toutes les
> espèces animales, la dégénération commence
> par les femelles.
>
> CHAMFORT.

ON a beaucoup écrit sur les Allemands depuis le début de la guerre, mais point sur les Allemandes. C'est plutôt par ignorance que par galanterie. La vieille sagesse française a pourtant dit : « Cherchez la femme. » Les Teutons aiment à citer cet apophtegme, pour nous prouver qu'ils ont des lettres et une mauvaise prononciation.

Je ne prétends pas que l'étude de la femme allemande suffise à expliquer la genèse du conflit actuel ou la mentalité de nos ennemis; elle éclaire néanmoins tout un côté de leur conception sociale. La femme n'est encore que ce que les hommes ont bien voulu la faire, n'en déplaise aux féministes les plus convaincus. Elle subit plus que tout autre individu l'influence du milieu où elle évolue. Son âme est un miroir convexe qui réfléchit, en les exagérant jusqu'au ridicule, les traits essentiels de l'âme masculine. Les Allemands, qui oscillent entre la niaiserie sentimentale et l'admiration de tout ce qui est « kolossal », ont créé la Gretchen et la Walküre, la poupée candide et la virago robuste. Ces deux types synthétiques ressortent toutefois à une littérature déjà caduque. La fameuse *Kultur* a pétri depuis d'autres types. Ils sont amusant, à noter dans le tran-tran de la vie quotidienne. On comprend mieux alors pourquoi la race germanique n'a jamais engendré de sainte Geneviève, de Jeanne d'Arc, ni même de Ninon de Lenclos et l'on s'explique plus aisément le mépris d'un Schopenhauer à l'égard du « sexe aux jambes courtes » ou la recommandation brutale d'un Nietzsche : «Tu vas chez les femmes ? N'oublie pas le fouet.»

* * *

A Munich, où je venais d'arriver, on bâtissait une nouvelle maison juste en face de ma fenêtre. J'examinai curieusement la rue, le front collé aux vitres. L'Allemagne m'étant encore inconnue, chaque détail retenait mon attention.

Tandis que les maçons silencieux cimentaient les pierres sur les échafaudages, deux femmes gâchaient du plâtre sur le trottoir ; elles emplissaient de petites auges de bois et gravissaient tour à tour les pesantes échelles pour approvisionner les ouvriers. Vêtues d'un caraco déteint et d'un jupon rapiécé, elles abritaient leurs pieds dans de vieilles chaussures d'homme éculées et leur tête sous un foulard d'indienne, noué en pointe sous le menton. Quelques maigres nattes blondes leur balayaient les épaules. Leurs bouches édentées, aux lèvres exsangues, mettait un trou noir au milieu de leurs faces bouffies. Leurs mains calleuses maniaient sans grâce les briques et la truelle. Quelquefois elles partaient avec une sorte de civière vers une brasserie voisine et rapportaient, en réglant soigneusement leur marche l'une sur l'autre, une trentaine de hautes cruches de grès d'un litre, remplies jusqu'aux bords de bière brune, des *maass*, comme on les appelle là-bas. Les maçons dégringolaient en toute hâte ; ils buvaient à longs traits, la tête renversée, et lutinaient leurs apprenties femelles qui les regardaient, les poings sur les hanches. Le surveillant interrompait ces ébats d'une voix brève ; les hommes regagnaient docilement le faîte de la bâtisse et les femmes reportaient gravement les *maass* vides sur la civière en balançant le torse d'un mouvement égal et régulier, à la façon d'automates.

L'une d'elles avait amené son enfant, encore en bas âge. Elle l'avait installé contre un tas de sable, sur une couche improvisée avec des sacs de plâtre. Quand il criait trop fort, la mère abandonnait sa besogne, prenait le petit dans ses bras, dégrafait son caraco et lui donnait placidement le sein, un pauvre sein flasque et tari. L'enfant n'y trouvait point son compte et continuait à pleurer. La femme empoignait alors sa cruche de bière et faisait boire le nourrisson, qui manifestait sa joie en agitant bien fort ses petits poings...

Les maçons bavarois n'ont point d'autre aide que ces esclaves lymphatiques et grêles. On les appelle les *Mörtelweiber*, les femmes-à-mortier. Elles gagnent misérablement leur vie à des travaux rudes et grossiers, exposées à toutes les intempéries. Pour quelques pfennigs elles achètent la bière et la saucisse indispensables à leur subsistance. Elles n'ont pas de foyer, à peine une soupente où elles couchent à plusieurs dans le même lit, et quand elles sont mères, elles élèvent leur rejeton au hasard de la rue, le long des tas de sable creusés en cratère, où la chaux vive délayée met un lac opaque et visqueux.

Telles sont les premières femmes allemandes, vraiment intéressantes, que j'ai rencontrées à Munich,

Toutes les besognes un peu viles sont devenues en Bavière l'apanage du sexe faible. Les soins de la voirie sont confiés en grande partie à des femmes. La « cantonnière » promène journellement sa brouette le long des avenues animées. Jadis elle ramassait de préférence le crottin. Aujourd'hui l'automobile et le tramway électrique ont remplacé les chevaux ;

elle est chargée de nettoyer les rails où s'amasse la boue. Armée d'une longue lance, elle introduit le fer qui la termine dans la rainure, appuie l'autre extrémité contre son épaule et pousse le tout en s'arc-boutant. On aperçoit au loin sa silhouette falote glisser le long de l'acier luisant du rail. Elle porte un petit chapeau pointu de feutre vert, où brille le cuivre d'une plaque municipale, car, plus heureuse que la *Mörtelweib*, cette prolétaire officielle est employée de la ville. Un titre ronflant la console des misères de l'existence : *Städtische elektrische Strassenbahnschienenreinigungsfrau*, ce qui veut dire : femme-préposée-au-nettoyage-des-rails-des-chemins-de-fer-routiers-de-la-cité. Il n'y a que la langue allemande pour dire de si belles choses en si peu de mots.

Le service des restaurants et des brasseries est également fait par des femmes. Les *Kellnerinnen* excitent toujours la curiosité et l'étonnement des Français, qui ne peuvent s'imaginer cette promiscuité sans conséquences romanesques. La *Kellnerin*, hélas ! n'est pas une femme; l'utilitarisme teuton l'a changée en machine. Il faut la voir tourbillonner au milieu du public des brasseries, dans ces grandes salles où s'attablent jusqu'à deux mille buveurs. Elle porte à bras tendu des quantités de cruches de bière, à faire chanceler un lutteur forain, et plonge de temps en temps sa main grasse dans le torchon noué aux quatre coins qui lui brinqueballe sur les reins, pour y puiser le quignon de pain gris réclamé par le client. Elle est vieille, ridée, affairée, toujours en sueur, peu ragoûtante. Les hommes ne pensent guère à la courtiser. Dans certains établissements, les *Kellnerinnen* ont des allures plus élégantes et l'accueil plus engageant. Mais la lutte pour la vie leur a inculqué des principes égoïstes. Quand elles pratiquent l'amour c'est par calcul. La plupart du temps elles entretiennent quelque étudiant miséreux, lui procurent au prix de mille sacrifices les moyens de terminer ses études contre promesse authentique de mariage, le jour où il aura son diplôme. J'ai rencontré par la suite plus d'une *Frau Doktor* qui m'avait jadis servi mes bocks dans des restaurants de Munich!

Les femmes des villes d'outre-Rhin font une piètre impression. Il leur manque la grâce, sans laquelle la beauté elle-même passe inaperçue. Leurs gestes sont compassés et raides. Une absence complète de féminité caractérise leur extérieur. La femme allemande n'a ni la souplesse harmonieuse du corps, ni le souci du détail. Sa silhouette ne donne pas à l'animation de la rue ce charme indéfinissable qui retient l'œil des flâneurs, chez nous. Elle se chausse mal. Rien n'est plus suggestif que d'examiner les pieds des promeneuses; les talons usagés, les tiges lâches, les semelles recourbées, accusent les dimensions exagérées de leurs extrémités. La Française glisse, l'Allemande marche, et là où elle pose le pied, il n'y a plus de place pour les fleurs...

Quand la jeune fille s'efforce d'être attrayante, elle s'en acquitte maladroitement en mettant des rubans de couleur violente et des bouts de dentelle un peu partout. Ce n'est point par coquetterie innée, c'est par sens pratique, pour exciter l'intérêt des hommes susceptibles de l'épouser, Une fois mariée, la petite bourgeoise allemande est tout à fait démonétisée. Elle est morte à son sexe. A quoi bon la grâce féminine, les artifices voluptueux de la toilette, le respect de son corps, puisque son sort est définitivement scellé et qu'elle n'a plus besoin de « plaire » ? La *deutsche Frau*, déjà si insipide, devient alors la *deutsche Hausfrau*, sorte de monstre domestique uniquement occupé aux soins du ménage, et tout à la tâche aride de peupler l'Allemagne avec une inlassable fécondité. Forte de ses droits, elle abandonne le souci trop délicat de cultiver chez son époux la fleur précieuse de l'amour. L'habitude et les nécessités sociales sufffsent à cimenter l'accouplement. Elle règne en maîtresse incontestée et autoritaire sur la maison. C'est pourquoi l'Allemand fuit sa demeure et passe la plus grande partie de sa vie au dehors, dans l'atmosphère enfumée des brasseries. L'orge et le houblon remplacent son idéal mort-né. Il recule le plus possible l'heure où il réintégrera le domicile conjugal. Il végète loin des siens. On ne le rencontre que le dimanche avec sa moitié. Promenade obligatoire où les faces des conjoints reflètent la tristesse irrémédiable de leurs âmes. Les Teutons ne sont rêveurs et sentimentaux qu'à cause de la laideur ambiante où leur existence échoue. Incapables de fixer la beauté auprès d'eux, ils en arrivent à mépriser leurs compagnes et ce mépris tacite n'est que l'aveu de leur impuissance.

Je me rappelle encore un pauvre avocat dont je fis la connaissance un samedi soir à Nuremberg, dans une auberge moyenâgeuse. Il affectait une gaieté exubérante et lourde et s'emplissait de bière comme une outre. Il demeurait dans le voisinage de l'hôtel où j'étais descendu ; nous revînmes donc ensemble.

Nous dévalâmes les rues aux pavés inégaux. Derrière nous la *Burg*, séjour des anciens burgraves, découpait sa silhouette fantastique sur le ciel étoilé. La grosse tour carrée des supplices, où voisinent les chevalets, les vis, les clous, les cisaillles, les brodequins, la vierge de fer, tout l'attirail rouillé des chambres de torture, prenait un air mystérieux et méchant qu'elle quitte au grand jour pour la visite bruyante des touristes.

Une certaine animation régnait dans la ville basse, comme il est d'usage la veille des jours fériés dans les cités, où la population est dense. Des ivrognes chantaient ; des bandes de passants s'interpellaient aux carrefours.

Sur la place du marché, une fontaine aux couleurs vives, en forme de clocher gothique, où s'alignent des saints de pierre bariolés, laissait couler l'eau claire en jets sonores par quatre couleuvrines de bronze.

Mon compagnon me fit traverser la place, contourner le vieux Münster du XIVe siècle où, sur le coup de midi, les douze princes-électeurs en bois sculpté sortent en file indienne, pour saluer Charlemagne, au son d'un gai carillon ; il passa devant le joueur de cornemuse qui, perché sur une vasque circulaire de granit, gonflant les joues et pressant sa peau de mouton, lance, du pavillon de son instrument, un mince filet d'eau argenté. Arrivé devant la *Lorenzkirche*, en apercevant la ronde légère des six jeunes femmes de bronze qui, la poitrine en avant, s'amusent à faire gicler l'eau en courbes harmonieuses de leurs tétines luisantes, il s'arrêta, perplexe, et considéra la fontaine.

— Comme elles sont belles ! — me dit-il après un silence.

Le soupir profond qu'il laissa fuser m'émut.

Il n'était pas beau, lui. Depuis longtemps son ventre l'empêchait de voir le bout de ses pieds. Il avait les jambes légèrement cagneuses, le cou très court, le visage mafflu, avec une barbe rare aux poils raides comme du chiendent, le nez bourgeonnant, les yeux un peu louches derrière un binocle doré et le crâne chauve, adorné d'un bourrelet de cheveux gris sale. Sa mise était peu soignée. Ses pantalons, en accordéon dans le bas, pochaient aux genoux. Sa veste étriquée se boutonnait avec peine au-dessus du nombril et il portait un chapeau de feutre mou, surmonté d'un blaireau brun en guise d'aigrette.

A quoi pensait-il en examinant si longuement la grâce délicate de ces corps de naïades, la ligne des hanches arrondie comme la courbure d'une amphore, les cuisses musclées, les jambes nerveuses et les petits seins fermes et ronds comme des pommes ? Y voyait-il un reproche ironique à sa laideur bourgeoise ? Y cherchait-il, au contraire, une consolation à la platitude de sa vie ?

Il m'avoua :

— Je viens les regarder tous les soirs avant de rentrer.

Je compris alors qu'il était marié et je m'imaginai sa compagne acariâtre et laide, la *deutsche Hausfrau*.

Il ajouta en me serrant la main :

— Adieu. *Ich muss zu meine Alte*. Je dois aller retrouver ma « vieille ».

C'est ainsi que les bourgeois appellent couramment leurs femmes. *Meine Alte !* Il y a dans cette dénomination familière du regret, de la résignation, de la rancune...

L'après-midi, elles arborent des toilettes maladroites et se réunissent par bandes compactes, à l'heure du goûter, dans des cafés spéciaux, où quelques tables leur sont réservées. Elles sont, en général, accompagnées d'un petit chien gras et luisant à la mine revêche, bouledogue bâtard et minuscule qu'on appelle *Mops* et sur lequel elles reportent le trésor dédaigné de leur affection. Elles absorbent du café au lait dans de grands bols de faïence et dévorent des pâtisseries lourdes aux noms rébarbatifs : *Krapfen, Gugelhopf, Sandkuchen, Kæsetorte*, tout en échangeant des propos bruyants. La plupart apportent avec elles leurs aiguilles à tricoter et leur pelote de laine. Tandis que les langues glosent, les aiguilles cliquettent et les plumes des chapeaux frétillent. Les mille potins de leurs vies bourgeoises forment la trame de leur entretien. Elles épanchent le fiel de leur âme recluse ; elles assouvissent à la fois leur méchanceté et leur appétit. De leur servitude conjugale elles ne retiennent que le titre, car la charge ou l'emploi du mari rejaillit en Allemagne sur l'épouse. Elles aiment à s'interpeller pompeusement : « *Frau Konsistorialrat, Frau Postassessor, Frau Bahnadjunkt, Frau Oberkommissar, Frau Ministerial-Kanzleisekretär.* » Toutefois, le monde n'est pas encore assez petit pour elles. A chaque instant, elles heurtent du front leur pauvre horizon rétréci. Elles ont perdu le sens du ridicule. Elles ne sentent plus la pression douloureuse de leurs corsets rigides où s'écrasent leurs bustes flétris. Les hommes courbent le dos en les apercevant et font un grand détour. Ils reconnaissent leurs femmes.

Kaffeeklatsch, commérages de café, voilà l'unique distraction de la bourgeoise, de la mère de famille teutonne. Je me rappelle, en considérant ces faces plates, inexpressives, les vers de Ludwig Thoma, le poète satirique du *Simplicissimus*, à l'adresse de la *deutsche Hausfrau*.

> *Sie trägt Barchenten Hosen*
> *Und riecht nicht immer nach Rosen.*
>
> Elle porte des pantalons de futaine
> Et ne sent pas toujours la rose.

Si les maris allemands aiment à se retrouver le soir devant une chope avec leurs amis, les femmes restées seules ont la ressource d'aller au théâtre ou au concert. Dans certaines petites villes d'Allemagne, la majorité des manifestations artistiques n'attirent en effet qu'un public presque exclusivement féminin. Vers sept heures du soir, on voit les rues s'animer étrangement. Des femmes et des jeunes filles, la tête recouverte d'une écharpe de soie, parées d'élégances surannées, les pieds au chaud dans de disgracieux *Gummischuhe* (galoches de caoutchouc), se rendent en longues théories vers les salles de spectacle.

La première fois que j'observai ce phénomène, ce fut à Weimar, où je donnai une conférence avec auditions sur la vieille chanson française. Arrivé juste avant la représentation, je n'eus que le temps de passer mon habit et de me rendre au théâtre. Le rideau de la scène ne possédait aucune ouverture qui me permît de considérer la salle, occupation si chère aux artistes. Ma curiosité nerveuse devait se contenter du brouhaha de l'auditoire que j'estimai fort nombreux.

Le timbre retentit et la toile se leva. Pendant le court instant qui précéda l'extinction du lustre, je pus embrasser d'un coup d'œil le public. Il n'y avait que des femmes ; à peine, çà et là, quelques visages barbus. Les applaudissements résonnaient étrangement ; j'y reconnaissais le claquement assourdi de petites paumes molles.

Lorsque je quittai ma loge, après la représentation, les rues étaient si noires que je n'aurais jamais pu retrouver le chemin de mon hôtel, sans l'aide aimable d'une spectatrice qui en voyant mon embarras, m'adressa fort poliment la parole. Comme je lui demandais de vouloir bien m'expliquer pourquoi les hommes s'étaient abstenus de paraître au concert, elle m'avoua mélancoliquement qu'à Weimar ces messieurs préféraient se réunir chaque soir à la *Schmiede* (forge), vieux restaurant pittoresque et enfumé. Elle me proposa de m'y conduire, car elle allait y chercher son mari. Grâce à elle je fus introduit dans la société masculine de la ville. C'est ainsi que je fis connaissance avec la capitale grande-ducale où Goethe et Liszt avaient vécu.

Le Français jouit d'une grande faveur chez les femmes d'Outre-Rhin. Est-ce notre littérature légère d'exportation ou notre histoire tapageuse qui nous rend si sympathiques aux Allemandes et donne à notre individualité une auréole romantique ? Je crois plutôt que c'est le marasme où l'âme féminine s'étiole. Le Français représente, au yeux des Teutonnes, tout l'idéal qui leur manque chez elles. Elles lui prêtent l'esprit chevaleresque dont elles ont constaté l'absence chez leurs compatriotes. Plus encore. Elles évoquent confusément notre tradition de libertinage ; elles éprouvent pour nous le sentiment inavoué et trouble qu'ont toutes les Eves pour le serpent. Bien qu'ayant un peu peur de nous, elles se sentent attirées. Elles sont toutes comme la blonde Sieglind, enfermée dans la hutte du sauvage Hunding ; quand la porte s'ouvre et que l'étranger paraît, c'est le printemps qui entre.

Un *Herr Professor* de Landshut vint me rendre visite à Munich et me demanda si je voulais entretenir, un soir, le public de sa ville de la littérature française moderne. Au jour fixé, il vint me chercher à la gare avec une délégation de professeurs, en cravate blanche et en redingote comme des croque-morts. Une voiture branlante nous cahota jusqu'à la salle où je devais conférencier. Landshut est presque un village. Je ne m'étonnai donc pas de trouver quelque difficulté à me procurer du savon, une serviette, un peigne et une glace, pour remettre un peu d'ordre dans ma toilette qu'une heure d'express avait dérangée. Je dus me contenter d'un fond de casserole de cuivre bien astiqué en guise de miroir, car la soirée avait lieu dans une brasserie, bien entendu. En Allemagne, on sépare difficilement les jouissances de l'esprit de celles du ventre.

Quand je parus sur les tréteaux devant la petite table traditionnelle, ornée d'un tapis vert et d'une carafe, je constatai que les dix premières rangées de sièges étaient vides et que le public s'était incommodément tassé dans le fond de la salle, contre les murailles, le plus loin possible de ma personne. Comme j'en faisais doucement la remarque au *Herr Professor* qui m'avait introduit, il me répliqua que ces places étaient réservées pour les dames, mais qu'elles n'avaient pas osé les prendre.

J'étais, sans doute, le premier Français qu'on voyait à Lanshut, ce qui intimidait étrangement les auditrices. Je les apercevais, tapies dans les recoins les plus obscurs et me lorgnant curieusement avec de petites mines effarées. Avant d'entrer dans le vif de mon sujet, je les encourageai du mieux que je pus. Je leur représentai combien il me serait pénible de parler à des chaises vides et quel plaisir j'éprouverais à avoir de jolis visages tout près de moi, qu'un Français sans dames n'était que la moitié d'un Français et qu'elles n'en auraient pas pour leur argent si elles restaient aussi loin. Ce furent les plus vieilles qui se décidèrent, à pas précautionneux et gauches, comme des poules méfiantes. Les autres suivirent, et, la glace étant rompue, elles s'approchèrent le plus près qu'elles purent.

Je doute fort qu'elles écoutèrent avec toute l'attention désirable mes explications sur le naturalisme en France et l'étude que je fis de Flaubert, Zola, Daudet et Huysmans, mais je vis fort bien qu'elles examinaient minutieusement ma personne, depuis mes chaussures vernies jusqu'à mon faux-col. *Ein Franzos*, c'est intéressant et rare !

* * *

Les Wittelsbach ne sont pas riches. Louis II, le grand prodigue, a vidé les coffres de la couronne pour réaliser ses **rêves** de fou fastueux. Les châteaux mystérieux et féeriques des lacs de Bavière ont épuisé ses ressources. Aujourd'hui, ses descendants vivent bourgeoisement et les princesses recluses dans des palais vétustes mènent une vie austère et uniforme, qui ressemble beaucoup à celle de leurs pauvres sujettes. Quelques-unes d'entre elles ont défrayé la chronique scandaleuse et firent des fugues retentissantes avec des acteurs célèbres, voire avec leurs cochers. Mais ces débordements fâcheux demeurent des exceptions. Presque toutes partagent leur vie entre les pratiques religieuses et les rares réceptions officielles de la cour. Leurs toilettes manquent totalement d'élégance et leur laideur les met à l'abri de l'envie. Les princes, à l'instar de leurs sujets féaux, restent le moins possible chez eux. Ils courent les lieux publics et se mêlent volontiers à la foule, car ils n'affichent aucune morgue.

J'étais, alors, à la tête d'une revue littéraire où la jeunesse intellectuelle d'Allemagne montait courageusement à l'assaut des vieilles formules. Une des maîtresses de cérémonie de la cour, abonnée à mon périodique, parla de moi en termes louangeurs à la princesse de la Paz, femme du prince Louis-Ferdinand. Cette dernière émit le désir de me voir. Elle le fit dans une lettre mystique que me lut la comtesse de Z... : « Laissez venir à moi le jeune étranger, disait-elle ; c'est pour le bien de son âme et la rédemption de ses frères qu'il a suivi l'étoile d'or, comme les rois-mages en route vers la crèche. » Je ne comprenais guère ce que la digne princesse entendait par là ; néanmoins je fus touché de la haute faveur qu'elle me témoignait.

Elle me donna audience au château de Nymphenbourg. Je revêtis mon habit et je partis en fiacre à taximètre. Ces voitures venaient d'être innovées à Munich et les cochers furieux prétendaient que ce nouveau système les frustrait du plus clair de leurs bénéfices.

Le château de Nymphenbourg est une pâle copie de Versailles. Le parc est plein d'ombrages et charmant mais le palais s'écaille lamentablement. Sous le crépi qui veut imiter la pierre de taille, on aperçoit les briques grossières. Ma voiture fit halte devant l'escalier d'honneur. Un domestique en culotte courte vint ouvrir la porte. Il me précéda à travers les salles désertes du rez-de-chaussée, où les baies sans rideaux jetaient un jour maigre sur les murailles vides, rongées par place. Je remarquai que mon guide portait des bas blancs de cotonnade, troués aux mollets ; sa livrée défraîchie fleurait l'essence minérale. Arrivé au premier étage, il ouvrit une porte à tambour et cria mon nom, en s'effaçant. Je pénétrai dans une pièce à l'ameublement sévère. Dans l'embrasure d'une fenêtre, le prince-régent tenait cercle avec quelques altesses en uniformes. Devant la cheminée, où flambait une bûche étique, posées de guingois sur des poufs incommodes, des dames vêtues de soies vieillottes, s'entretenaient à voix basse. A travers les vitres on apercevait l'enfilade des allées régulières et les pelouse chauves. L'ennui pesait sur la société, un ennui lourd comme une chape de plomb.

La comtesse de Z... vint me prendre et me conduisit vers son Altesse la princesse de la Paz. Je saluai profondément. Le prince Louis-Ferdinand se détacha du groupe des hommes et s'avança vers moi, la main tendue, en s'excusant de parler fort mal le français, puis il retourna vers les siens.

J'accompagnai la princesse dans un boudoir attenant et l'entretien eut lieu devant la maréchale de la cour, suivant les exigences de l'étiquette. Mon interlocutrice m'interrogea sur mon passé et sur mes occupations actuelles. Elle parlait très bien notre langue, mais tout ce qu'elle disait paraissait étrange et lointain, comme si un des portraits d'antan suspendus à la muraille se fût animé et m'eût parlé de choses désuètes.

— Vous écrivez, n'est-ce pas ? — interrogea-t-elle.

— Oui, Altesse Royale.

— Sur quoi ?

— Mon Dieu, Altesse, sur l'art, sur la vie, sur les êtres, sur tout ce qui me touche et m'émeut.

— Vous êtes catholique ?

— Oui, Altesse Royale.

— Catholique de France ? La France est la fille aînée de l'Eglise.

J'acquiesçai poliment.

— Avez-vous vu notre Saint Père le Pape ?

— Jamais, Altesse Royale.

— J'aime à croire que vous êtes venu vers nous pour répandre la bonne parole.

Et elle me développa tout un plan de campagne. Elle voulait rallier les catholiques de Bavière, d'Autriche, d'Espagne et de France et former ainsi une ligue contre la libre pensée, surtout contre les Juifs.

Pauvre princesse, elle semblait tout ignorer de la vie moderne, de l'orientation politique et sociale de son pays! Sans doute, l'air du dehors ne pénétrait pas dans ce palais rococo, hermétiquement clos, où flottait une odeur de moisissure. Jamais je ne compris aussi intensément l'abîme infranchissable qui sépare parfois des êtres humains.

Le même cérémonial pointilleux marqua mon départ. Je pris congé de la princesse et de son époux, je saluai l'auguste assistance et le domestique aux mollets endommagés me reconduisit le long des escaliers déserts. Quand j'arrivai dans la cour, j'emplis mes poumons d'air vivifiant; j'étais à bout de souffle, comme le pêcheur de perles quand il ressort de l'onde amère, mais ma joie fut de courte durée. J'aperçus ma voiture qui tournait au grand galop autour du bassin à sec, situé devant le château. Un triton de bronze stupide considérait cette course échevelée, de ses prunelles vides. Le cocher avait judicieusement employé l'attente à augmenter sa recette, en totalisant de nouveaux kilomètres.

Il arrêta son manège sans se troubler et dit avec bonhomie, en me désignant son cheval du bout de son fouet:

— *Der Gaul kann nicht ruhig stehen!* (La rosse ne peut pas rester en place.)

* * *

Dans la classe riche, dans les milieux intellectuels, la femme évolue avec plus d'indépendance, mais là encore elle manque totalement d'éducation féminine; la tradition lui fait défaut. Elle devient, comme tous les êtres parvenus trop tôt, la victime du snobisme.

Tiraillée entre le désir de paraître élégante et celui d'affi-

Une « prolétaire » bavaroise.

cher un individualisme artificiel qui la distingue de ses congénères, elle exagère nos modes et prend l'extravagance pour de
l'originalité. Elle sait bien que Paris est par excellence la
cité de la femme, que tout y est mis en œuvre pour lui donner
de la grâce et de la légèreté. Elle se fournit donc chez nous ;
elle s'inquiète des dernières nouveautés, elle exige les chapeaux, la robe, les dessous du bon faiseur. Mais elle ignore
ce qui lui convient ; elle ne sait pas choisir ; elle accepte les
yeux fermés ce que les commerçants peu scrupuleux lui
recommandent. Il lui suffit que ce soit le dernier cri de chez
nous. Son sens critique ne va pas plus loin. Elle a, dans le
fond, le même amour de la discipline que les Allemands. Elle
subit donc toutes les exigences des couturiers et loin d'adapter
le goût du jour à sa personnalité, elle reste perpétuellement,
sous nos oripeaux les plus riches, « l'étrangère », avec un
demi-air de mascarade qui souligne sa lourdeur et son absence
de tact. Rien n'est plus lamentable qu'une toilette parisienne
portée par une Allemande. Combien de fois la Parisienne
sait-elle faire « excuser » sa robe ? C'est un art subtil que ne
connaîtra jamais la Berlinoise.

L'Allemande croit, comme l'Allemand, hélas, que tout
s'apprend, que tout s'achète ici-bas, même la compréhension du beau. Elle ignore les lois profondes de l'atavisme et
de l'hérédité, l'histoire lente et précieuse des vieilles civilisations, l'affinement séculaire des races que le temps patient
travaille sur sa meule puissante à la façon des diamants.

La même erreur caractérise toute la race. Les Allemands
sont des enrichis. Ils veulent avoir acquis par quarante ans
de prospérité le droit imprescriptible de s'imposer à l'admiration du monde et ils confondent, sans le savoir, deux conceptions juxtaposées, sœurs jumelles issues de l'histoire des
peuples, néammoins si différentes dans leur essence : la civilisation et la culture.

Sans doute leurs restaurants ressemblent à des palais fastueux, le marbre et l'or y abondent, leurs gares sont éminemment vastes et pratiques, ils ont su mettre le confort à la portée des humbles, tout ce que l'argent peut procurer, ils l'ont ; leurs appartements, même modestes, sont munis des innovations précieuses qui rendent la vie quotidienne si facile, la science leur procure ses applications les plus industrieuses. Ce sont là les fruits de la civilisation. Elle s'acquiert, elle se répand, elle s'impose. Il suffit de savoir l'organiser socialement et cela, ils le savent. Mais la mentalité de l'individu, sa perception intuitive de la beauté, l'élévation de sa conscience, le développement de ses facultés intellectuelles, l'étincelle de Prométhée qui brille au fond de ses prunelles, l'harmonie de ses gestes, l'élégance naturelle de sa démarche, la pureté de ses attitudes, sa physionomie morale et physique, est-ce que tout cela s'achète avec les lavabos de céramique, les ascenseurs automatiques et les fourchettes à poisson ?

Je me rappelle avoir rencontré, le long d'un quai du port de Gênes, une lourde barque chargée de charbon. La grande voile rousse triangulaire pendait au mât et la brise légère l'agitait mollement ainsi qu'un éventail. Une mince planche reliait l'esquif à la terre ferme. Quatre ou cinq gars aux torses nus, les reins ceints d'une serpillière souillée, déchargeaient la cale du voilier. Ils portaient le charbon dans de gros couffins, posés négligemment sur leur épaule droite. Comme ils étaient beaux sous le soleil clair de cette matinée d'été ! Leur peau luisante et bronzée gaînait de soie brune leurs muscles tendus ; leurs jambes nerveuses foulaient avec grâce le frêle pont de bois, qui pliait sous leurs pieds nus aux formes impeccables. Tout était harmonieux en eux. Leur profil avait la finesse des camées antiques. L'un d'eux, couché nonchalamment sur les dalles du quai, élevait une figue pulpeuse au-dessus de ses lèvres arquées, tel un Murillo. Je lui adressai familièrement la parole. Il me répondit dans la belle langue chantante de sa patrie, sans servilité, mais sans rudesse, sachant maintenir avec un tact merveilleux la distance qu'il convient de mettre entre un *signor* et un *facchino*. Je sentis confusément palpiter devant moi l'âme d'une vieille race. A coup sûr, il ignorait le trésor qu'il portait en lui et il traduisait inconsciemment la beauté qui dort depuis près de trois mille ans dans les vers lumineux du vieil Homère. Qu'importaient leurs guenilles à ces demi-dieux baignés de clarté, imprégnés de noblesse ? N'avaient-ils pas plus de culture à eux seuls que tous les parvenus de Berlin dans leurs somptueuses demeures, où le luxe n'encadre que la laideur ?

L'absence de tradition pousse donc les femmes allemandes à toutes les outrances. Il suffit de savoir retenir leur attention par une réclame tapageuse pour les attirer à soi. C'est une particularité que surent exploiter quelques esprits avisés.

Le mouvement commença en 1901, après le triomphe industriel de l'Allemagne à l'exposition de Paris. On débuta par une campagne dans les grands centres contre l'irrationalisme de la mode française ; on prôna le retour à des formes pratiques. Les novateurs s'inspirèrent des lois de l'hygiène pour donner à leur méthode un caractère plus scientifique, ce qui plaît énormément à la pédanterie teutonne. Comme il fallait lutter contre une concurrence séculaire, celle de Paris, on lança le mot « *Reform* ». Cette expression convient au pays de Luther. Dès lors, ce fut dans l'empire un vrai déluge de conférences et d'expositions. Le principe était attrayant : « Il faut que le corps soit libre sous les étoffes qui le recouvrent, il faut que la taille ne subisse aucune contrainte ». Il y eut des *Reformrock* (robes-réforme), des *Reformmieder* (corsets-réforme), du *Reformwäsche* (linge-réforme). Les femmes ne se montraient plus que dans des espèces de sacs flottants, suspendus par des bretelles aux épaules, et dont l'uniformité était relevée par des broderies lourdes du plus fâcheux effet. Les cheveux se portèrent en bandeaux plats et les intellectuels émerveillés célébrèrent la *prœraphaëlitische Erscheinung* (l'apparition préraphaëlite). D'aucunes pesaient près de cent kilos.

La « combinaison » se généralisa, non point ce petit rien léger, impalpable et délicat que les Françaises adoptèrent plus tard, quand leurs robes collantes leur interdirent des dessous trop volumineux, mais de lourds maillots amples en coton à côtes, bien chauds, bien fermés de partout, et surtout bon marché.

Sur ces toilettes maussades, les artistes décorateurs suspendirent des bijoux énormes, à formes géométriques.

L'engouement dura quelques années, mais l'univers semblant ne pas vouloir adopter ces merveilles, la femme allemande retourna vite à nos modes parisiennes.

C'est alors que deux femmes scandinaves eurent l'idée géniale de s'adresser aux Allemandes, non plus pour régenter leur garde-robe, mais pour mettre à leur portée l'art si difficile de la grâce féminine. Ce fut le triomphe de la culture physique. Pendant que Muller inondait le monde de son fameux système, Frau Mensendieck publiait un livre retentissant, *la Culture de la Femme,* et parcourait l'Europe centrale, répandant la bonne parole, à grand renfort de conférences. Dans chaque ville des clubs féminins se fondèrent. Les adeptes y apprirent à respirer, à se mouvoir, à saluer, à s'asseoir, à se coucher suivant les principes de Mensendieck. Des projections cinématographiques illustraient les causeries de ces dames. Ce n'était plus la toilette qui donnait l'élégance à la femme. Mensendieck l'avait décrété ; c'était la grâce et la souplesse du corps qui la porte. Elle avait raison en partie, mais elle prétendait que chaque femme peut, avec quelque persévérance et quelques marks, acquérir en peu de temps cette science difficile. Elle y gagna, du reste, beaucoup d'argent. Dans les salons élégants on vit les femmes s'agiter péniblement d'après les règles délicates et compliquées du nouveau code. Chacune faisait « sa petite Mensendieck ». Grasses et maigres, naines et géantes évoluaient d'après les mêmes principes rigides, ce qui donnait à l'ensemble des allures de ballet mal étudié.

Kara Michaelis parut alors. Elle abandonnait le côté physique de la question et s'adressait à l'âme des Allemandes, dans la louable intention de prolonger leur jeunesse par une véritable gymnastique psychique. Son livre s'intitulait *Das gefährliche Alter* (l'âge critique). Elle enseignait à ses disciples les moyens subtils de doubler ce cap dangereux, sans rien abdiquer de leur féminité.

Toutes les femmes mûres se pressèrent autour d'elle et la malignité de certains ironistes les appela *die gefährlichen Alten* (les vieilles dangereuses), jeu de mot intraduisible qui se rapportait au livre de Michaelis: *Das gefährliche Alter*, mot à mot l'âge dangereux.

Tous ces snobismes se succédaient avec rapidité. La femme allemande, incapable de trouver en elle-même des bases solides à son éducation physique et morale, se jetait avec fougue sur chaque essai nouveau et l'abandonnait avec la même rapidité, quand une dernière extravagance effaçait l'ancienne. Un clou chasse l'autre.

Des intellectuelles, que leur demi-science affolait encore davantage, allèrent jusqu'à fonder des colonies renouvelées de l'antiquité dans le Nord de l'Italie et dans le Tessin. Les deux sexes y vivaient en commun, à moitié nus, se nourrissant exclusivement de fruits et de salades, rôtissant leurs ventres au soleil et se baignant en beauté dans les lacs transparents, à la grande confusion des paysans riverains.

Le frère d'Isadora Duncan, avec sa barbe de Christ, son

peplum, ses jambes nues et ses sandales, eut un succès inouï à Berlin. On eut toutes les peines du monde à empêcher quelques dames convaincues de se promener dans le même costume que lui au *Tiergarten* ; elles se contentèrent d'errer le long des rues avec les cheveux épars sur les épaules.

Avant la guerre le goût changea, s'il n'est pas incongru d'employer ce mot. Les riches Juives, toujours à l'affût de ce qui est nouveau, découvrirent à Paris un art, qui existait depuis longtemps en Allemagne, celui des couleurs criardes et des motifs décoratifs outrageusement bariolés. Les *Wienerwerkstätte*, cénacle artistique viennois dirigé par Klimt, Kolo Moser et Zeschka, l'école de Munich, celle de Dresde avaient depuis longtemps puisé leurs inspirations décoratives aux vieilles sources de l'art populaire allemand, tel qu'il existe encore aujourd'hui dans les broderies et les costumes enluminés de la Hesse, du Schleswig et de la Forêt-Noire. Les étoffes modernes, qu'ils avaient conçues d'après ces modèles, se retrouvaient dans toutes les expositions, mais n'avaient pas grand succès, parce qu'elles étaient allemandes. Or, voici que Paris les adoptait. Pour endormir la susceptibilité du Français et sa méfiance de l'Allemagne, on invoquait ici l'art serbe, l'art bulgare, l'influence des ballets russes. Les initiés savaient pourtant à quoi s'en tenir. Plusieurs d'entre eux allaient régulièrement en Allemagne copier leurs modèles. Les événements leur ont sans doute désillé les yeux ; ils doivent pleurer leurs illusions et leur clientèle perdues. Car toutes les dames fortunées et extravagantes d'outre-Rhin s'étaient empressées d'accepter sous la signature parisienne ce qu'elles avaient refusé de leurs compatriotes. Les *Kommerzienrätinnen* de Berlin avaient maintenant l'air de vieilles sultanes multicolores échappées à une scène de *Kismet*, imité lui-même du *Sumurun* de Reinhardt. Pendant ce temps, leurs maris achetaient les élucubrations cubistes et futuristes les plus notoires grâce à l'entremise d'un certain Kahnweiler qui tenait marché à Paris de ces articles d'exportation, et Valentine de Saint-Point partait enseigner aux Berlinoises la nouvelle religion de la luxure et les délices de la métachorie...

* * *

Au milieu de cette ruée vers l'élégance et le charme au plus bas prix et dans le plus bref délai, l'impératrice d'Allemagne, digne épouse du Hohenzollern, essayait de sauvegarder le naturel de la femme allemande. Elle éprouvait contre Paris une aversion puritaine. Elle tenait à se fournir exclusivement auprès de maisons allemandes, s'en targuait volontiers et donnait ainsi le bon exemple que personne, du reste, ne songeait à suivre.

Guillaume II en souffrait, non qu'il aimât particulièrement la France, mais parce qu'il trouvait sa femme fort mal fagotée et que son pangermanisme, comme celui de ses séïdes, s'accommodait fort bien de la grâce de nos modes, de la saveur de notre cuisine et de l'excellence de nos vieux crus.

En 1914, à l'occasion du jubilé fameux par lequel la Prusse célébra le centenaire de sa libération, une représentation de gala réunit toute la cour à l'opéra royal de Berlin. Guillaume tenait à ce que l'impératrice fît meilleure figure qu'à l'ordinaire. Il envoya deux personnalités en mission à Paris pour commander la robe de sa femme chez l'un de nos plus grands couturiers ; il fallut toutefois que la maison s'engageât à conserver l'anonymat. On obtient tout avec de l'argent. Le secret fut bien gardé. L'impératrice reçut la toilette par l'intermédiaire de sa maison coutumière de Berlin. Elle fut complimentée le soir et déclara, satisfaite : « Vous voyez bien ; il n'y a pas qu'à Paris qu'on ait du goût. »

Quelque temps auparavant, au Kaiserhof où il présidait

un banquet nationaliste, l'ineffable kronprinz sablait glorieusement notre meilleur Cliquot dans une bouteille de Henckel[1], pour justifier aux yeux de la nation l'excellence des produits teutons.

* * *

A côté des castes dûment établies, en dehors des chemins tracés, s'agite dans les grands centres allemands, un monde curieux qui rappelle notre bohème. Comme chez nous, ce sont des sculpteurs, des peintres, des littérateurs, des « théâtreux » et des bourgeois dévoyés qui composent ce milieu. Il est très intéressant, car la mentalité actuelle de nos voisins s'y reflète mieux que partout ailleurs. A l'étudier de près, on peut augurer de ce que sera l'Allemagne de demain. La femme y est représentée, soit qu'elle pratique elle-même un métier intellectuel, soit qu'elle agrémente simplement la vie d'un compagnon. Elle ne donne aucun relief à la société qu'elle fréquente. Miroir grossissant, elle en reflète les ridicules; elle fait comme les bourgeoises, ses sœurs : elle exagère.

Le café Stéphanie, à Munich, est une sorte de Procope. Toute la jeunesse artistico-littéraire s'y coudoie. Les projets les plus insensés, destinés dans l'esprit de leurs auteurs à révolutionner l'Allemagne, ont été bruyamment élaborés autour de ses tables. Les mille détails intimes de la vie de bohème s'y révèlent sans pudeur. C'est là que je connus la première intellectuelle allemande.

Elle avait seize ans et elle était affreuse. Imaginez une face uniformément laiteuse, au nez pointu comme un museau de souris, à la bouche énorme et lippue, deux petits yeux bigles aux iris déteints, une perruque carotte ébouriffée, une poitrine plate, un buste trop allongé et deux jambes maigres, courtes et cagneuses, terminées par d'interminables pieds plats,

---

[1] Marque de champagne allemand.

Deux aspects de la *deutsche Hausfrau* : dans l'intimité
et en tenue de parade.

deux véritables petites boîtes à violon. On l'appelait Anatole.
Je n'ai jamais bien su pourquoi ; probablement par ironie, en
souvenir d'une pièce célèbre d'Arthur Schnitzler, qui portait
le même nom. Elle venait régulièrement tous les soirs, et toujours seule. Comme elle était trop petite, elle surélevait son
siège avec les *Bottins* et l'*Annuaire des Téléphones*. Elle réclamait tous les journaux, tous les périodiques, l'écritoire et du
papier, et dans le brouhaha du café, elle faisait de la littérature. Quand elle était fatiguée d'écrire ou de lire, elle appelait
le *piccolo*, sorte de jeune page en smoking râpé qu'on retrouve
dans tous les cafés d'Allemagne et dont les humbles fonctions consistent à frotter d'un coup de torchon les marbres
poissés ou à apporter des verres d'eau fraîche aux consommateurs. D'une voix nasillarde et lente, qui dominait le
bruit des conversations, elle l'interrogeait sur le problème de
sa puberté, elle lui enseignait ses théories féministes, l'horreur
qu'elle éprouvait pour les devoirs complexes de la maternité,
puis elle le renvoyait à l'office et se remettait à écrire. Elle ne
souffrait pas qu'on l'approchât. Elle gardait pour elle l'énigme
de sa vie solitaire ; le mépris de l'homme tordait sa grande
bouche dans un rictus dédaigneux.

Dans le clan des femmes de lettres qui fréquentaient ce
café, il y avait une brune à l'œil vif, éternellement vêtue
d'une robe bébé. Elle aimait à jeter ses jambes sur le dos
des chaises, à rire à grands éclats, à se frapper violemment
la poitrine en criant très fort pour que nul n'en ignore : *Ich
bin eine echte teutsche*[1] *Dichterin*. (Je suis une véritable poétesse allemande.) Elle s'appelait Margarete Beutler et n'é-
tait point sans talent. Au contraire d'Anatole, elle esti-
mait la fécondité la seule raison d'être de la femme. A intervalles fixes, on la voyait promener ses formes outrées le long
des rues de Munich, sans aucune honte. Quand on la rencon-

---

[1] Le mot *teutsch* est une vieille forme poétique allemande pour *deutsch*.

trait, elle se mettait à rire avec orgueil, caressait de sa paume son ventre proéminent et s'exclamait : *Der Schwein wird ein Genie*. (Le cochon sera un génie.) Elle amenait régulièrement ses rejetons au café Stéphanie et leur donnait le sein entre deux grogs, en les encourageant : *Sauf, Karnickel!* (Abreuve-toi, petit lapin !) Mais quand ils commençaient à marcher, elle les abandonnait à leur sort. On ne les revoyait jamais plus.

J'ai connu dans ce milieu une gentille grisette qui vivait avec un poète néo-romantique, Otto F. Elle tenait une petite boutique de fleuriste et s'efforçait de s'attacher son ami en déployant toutes les vertus domestiques... Elle l'entourait de prévenances, et lui procurait la sensation d'un intérieur douillet et confortable, avec les deux cents marks de pension mensuelle que le père du jeune écrivain lui allouait. Otto F... ne tarissait pas d'éloges sur elle; il exaltait ses qualités de ménagère. Un jour, à la mort du père, il hérita d'une vraie fortune et épousa son amie, par reconnaissance autant que par habitude. Elle devint ainsi une belle madame, dans une grande villa avec jardin, aux environs de Munich. Mais la petite fleuriste, qui avait su diriger la vie de l'étudiant, se révéla incapable de remplir ses nouvelles fonctions de maîtresse de maison. Sa bonne fortune lui tourna la tête ; elle fit des dettes ; elle s'embrouilla dans ses comptes. La méfiance s'infiltra entre les époux et quand je leur rendis visite, peu de temps avant la guerre, je trouvai Otto F... en train de cultiver lui-même son potager. Il vendait à sa femme les poireaux, les carottes, les pommes de terre et les salades qu'il avait plantés, récupérant ainsi une partie de l'argent qu'il lui remettait, chaque semaine, pour les frais du ménage.

Je me souviens aussi de Frieda Strindberg, une des nombreuses épouses divorcées du grand misogyne suédois. Elle errait de ville en ville, avec un tas de manuscrits inacceptables sous le bras, partageant son temps entre les salles de rédaction et les lieux publics où fréquentaient les auteurs célèbres. Son âme tendre essayait de capter les faveurs des poètes notoires. D'aucuns succombaient passagèrement. Elle quittait ses amants avec résignation et sa vie s'augmentait ainsi de nouveaux chapitres où s'inscrivait toute l'histoire de la littérature allemande moderne. On l'appelait le *Schrift-stellerlexikon* (le dictionnaire des écrivains).

Le sens de la mesure manque en général à toutes ces femmes. L'une d'entre elles, qui s'appelait Else Kratzfuss, eut la malencontreuse idée de venir lire ses vers à un pince-sans-rire, pour lui demander conseil. Elle était effrayante de laideur ; son corps, maigre comme un squelette, était surmonté d'une tête chevaline encadrée de longs cheveux noirs, raides comme des baguettes de tambour. Cette pauvre déshéritée chantait dans ses élucubrations l'amour et la sensualité ; elle y mêlait maladivement l'image de la mort et de .la décomposition. Sa poésie fleurait à la fois la luxure et la charogne. — On l'habilla d'un fourreau de soie noire qui accusait sa minceur, on lui mit un lys blanc dans la main, on la baptisa du nom romantique de Dolorosa et on lui fit réciter sa littérature en public. Elle eut à Berlin un succès de fou rire. Plus elle célébrait les appels de sa chair, vouée à la putréfaction, plus la gaieté tenaillait l'auditoire. Elle seule ne s'en apercevait pas et continuait à suivre, de ses yeux hagards, les visions hystériques qui hantaient sa pauvre cervelle.

Du reste, ce phénomène d'auto-suggestion n'est pas rare chez l'intellectuelle allemande. Il existait en Saxe une poétesse fameuse, Friederike Kempter, dont l'unique volume de poésies atteignit un chiffre fabuleux d'éditions. Elle appartenait à l'aristocratie ; c'était une femme sage et respectable qui écrivait des vers par amour du bien. Ils étaient très moraux et très religieux, mais ils n'eurent de succès que parce qu'ils étaient lamentablement ridicules. L'éditeur, qui spécula sur cette réclame à rebours, y trouva son compte. A chaque nouvelle édition, l'auteur écrivait une nouvelle préface. Elle y remerciait le public d'accueillir si favorablement son livre et s'émerveillait que le bon Dieu, à qui elle rendait grâce, lui eût donné tant de talent. Ces préfaces firent fureur. La dernière édition les contenait toutes. Cette femme est morte âgée, sans avoir jamais pénétré les vraies causes de sa notoriété littéraire.

* * *

Devant les philippiques monstrueuses que certains pangermanistes profèrent en mainte occasion contre la soi-disant corruption des mœurs françaises, il semble nécessaire de rétablir la vérité et de proclamer que, chez nos voisins, la perversité a atteint dans certains milieux, depuis longtemps, un degré de profondeur que nous ne connaîtrons jamais. Il est de toute évidence que le Paris cosmopolite n'est pas la France, et qu'il est un autre Paris, replié sur lui-même, profondément fermé à l'étranger, plein de belles traditions et de santé morale, où la vertu des femmes sait néanmoins prendre des dehors agréables et charmants. Ce Paris, nous le sentons mieux vibrer aujourd'hui, dans ces heures tragiques et graves que nous vivons entre nous.

L'Allemagne, elle, n'a pas l'excuse d'un centre factice des voluptés internationales. Ni Berlin, ni Munich. ni Dresde, ni Leipzig, ni Francfort ne sont des villes cosmopolites. Des touristes y viennent et s'en vont, sans s'y fixer. Mais, fraîche émoulue aux plaisirs affinés de la civilisation, la société riche de l'Allemagne a voulu s'offrir toutes les licences et tous les vices dont nous tenons boutique pour nos hôtes bruyants. A ce petit jeu, elle s'est intoxiquée elle-même.

Sans doute, les classes miséreuses d'Allemagne ont une morale parfois rigide et toujours déplaisante. A voir les femmes sans grâce on comprend qu'un poète de chez eux ait dit dans un aphorisme lapidaire : *Tugend ist wenn keiner kommt.* (La vertu, c'est quand personne ne se présente.) Mais toutes celles que le luxe trop neuf a façonnées, toutes celles qui sont devenues les victimes faciles des snobismes les plus éhontés, se précipitent vers la jouissance et, dans leur grand désir de montrer qu'elles sont au-dessus de tous les préjugés, dépassent toute mesure. De même qu'elles ne savent pas porter la toilette, elles ne savent pas porter le vice. Il faut avoir vécu dans la société berlinoise, avoir remué tous les scandales, frôlé toutes les turpitudes, pour comprendre l'abaissement moral de certaines parvenues, poussées trop vite dans un organisme social trop jeune.

Les apôtres de la plus grande Allemagne croient-ils nous donner le change par leurs déclarations pompeuses ? Jugent-ils l'Europe aussi naïve et ne savent-ils pas que certains avaient des yeux qui vinrent s'asseoir à leurs tables ? Le virus est entré dans leur race. Aucune hérédité séculaire ne la vaccine contre ses ravages. Il fait des progrès effrayants; peu à peu il gagne les couches inférieures de la population et si l'on veut parler de décadence, c'est en Allemagne qu'il faut aller pour en constater les phases rapides. Il a suffi de quarante ans pour pourrir une nation saine. Où est-elle, cette Germanie rêveuse d'antan, celle qui donna au monde de beaux exemples et de grands chefs-d'œuvre ? Ni le dérivatif d'un massacre mondial, ni l'appareil formidable de sa politique brutale ne lui rendront la santé. Elle s'est épanouie trop vite sur un fumier artificiel, la fleur allemande. Revanche éternelle des vieilles civilisations sur les civilisations trop neuves !

En attendant, la femme que l'Allemand n'a pas su façonner et qui, par contre, ne sait pas le retenir, s'étourdit dans l'ivresse du plaisir et se dresse contre son ancien maître. D'aucunes arborent ouvertement le faux-col, la veste et le chapeau mou, fondent des clubs spéciaux où, sous couvert de féminisme, elles déclarent vouloir s'affranchir du mâle. Les hommes les imitent et le scandale éclabousse les marches du trône...

*   *   *

Où sont-elles, les petites Gretchen symboliques, sous les traits desquelles le Français, éternellement ignorant de ses voisins, aime à se représenter l'Allemande ?

Elles existent encore, bien que transformées dans l'hystérie ambiante qui secoue la nation. Je sais l'histoire de l'une d'entre elles ; je vais vous la conter.

Mignonne et pâle sous le poids de ses deux nattes blondes, elle s'appelait Grete Baïer. Elle avait à peine dix-sept ans et vivait dans une ville charmante des bords du Rhin, où l'alignement des maisons basses, aux porches arrondis, se mire dans les flots rapides du grand fleuve. Elle s'était fiancée ; c'est un jeu qui plaît aux demoiselles allemandes. Elle portait au petit doigt une bague dorée, le *goldenes Ringelein* des vieilles légendes, ornée d'un caillou du Rhin, et se plaisait à des promenades sentimentales au bras de son promis, de son *Schatz*[1], comme on dit là-bas. Le jeune homme avait vingt-quatre ans ; il travaillait au pair dans une banque. Ils consultaient ensemble l'oracle virginal des marguerites. Quand le pauvre garçon contemplait l'azur calme et pur du regard de sa compagne, il y lisait, sans doute, la promesse réconfortante d'un amour paisible et sûr, dans un intérieur modeste, mais riche de son bonheur. Il se réjouissait

---

[1] Trésor.

de l'innocence de la jeune fille, de l'interrogation muette de ses grands yeux lumineux ; il la pressait chaudement contre son cœur, en soupirant d'aise.

Gretchen s'ennuyait tout le long du jour, pendant que son ami, penché sur les registres de sa banque, attendait l'heure de la délivrance et du retour. Elle se confia naïvement à un officier de dragons, qui tenait garnison dans la ville. Le militaire lui proposa des distractions qu'elle accepta. Une Gretchen ne saurait résister à l'amabilité d'un bel uniforme. Comme l'officier semblait y tenir, elle se fiança aussi avec lui. Un autre anneau, garni d'une fausse perle, remplaça durant le jour celui de l'employé de banque. Le soir, elle n'oubliait pas de le changer, car elle était pleine de tact et ne voulait faire souffrir qui que ce soit. Elle conservait devant chacun de ces hommes son attitude énigmatique de petite fille bien sage et bien douce. Peut-être eut-elle ainsi vécu longtemps, entre ses deux amours. Mais les hommes ont d'étranges exigences. L'officier, moins endurant que le jeune civil, réclama la possession exclusive de la fiancée. Il alla même jusqu'aux menaces. Gretchen pleura. Son bon cœur se refusait à évincer le premier *Schatz* ; cette tâche était au-dessus de ses forces. S'il avait pu disparaître simplement, sans bruit, sans larmes, sans récriminations ? Mais il regimberait sans doute et elle céderait, par grandeur d'âme. Alors, l'officier s'en irait ; elle serait de nouveau seule toute la journée. Et puis, un militaire, c'est beaucoup plus distingué qu'un gratte-papier. Elle se creusa la tête pour chercher une solution. Quand elle l'eut trouvée, elle se prépara à l'appliquer, sans tarder.

Un soir, le jeune employé vint la prendre chez elle ; Grete Baïer le reçut avec les marques d'amour les plus vives. Elle claqua joyeusement des mains, courut, en sautillant, à son armoire, y prit un petit objet rond et luisant, une dragée sans doute, et revint vers son fiancé, les lèvres souriantes, le minois mystérieux.

— Chéri, — dit-elle, — ferme les yeux et ouvre la bouche !

Il ferma les yeux, il ouvrit la bouche, docilement... et il s'écroula pour ne plus jamais se relever. Il avait absorbé un bonbon à l'acide cyanhydrique.

Le procès fit grand bruit. Les psychiâtres les plus fameux étudièrent la mentalité de l'étrange meurtrière. On écrivit de savantes brochures sur son cas. Qui donc eût soupçonné une telle noirceur sous tant de naïveté ?

Je crois que Germania a repris pour son compte la méthode expéditive de Grete Baïer. Elle aussi vint vers nous et nous murmura de sa voix la plus flûtée : « Ferme les yeux et ouvre la bouche ! » Mais voilà, nous aimons trop la lumière !

Kellnerin et soldat bavarois.

CHAPITRE V

QUELQUES FORMES DE LA VIE COURANTE

> Je n'admire point un homme qui possède
> une vertu dans toute sa perfection, s'il ne
> possède pas en même temps dans un pareil
> degré la vertu opposée.
>
> **PASCAL**

Il y a des Français qui jugent à propos de dénigrer systématiquement et *a priori* tout ce qui est allemand, comme s'ils éprouvaient le besoin de justifier ainsi et de soutenir leur patriotisme. Le fait de reconnaître chez nos ennemis quelques qualités essentielles leur semble un crime de lèse-patrie. Ces Français méconnaissent les leçons de la guerre et de l'histoire ; ils ignorent les mérites féconds de la franchise. Une nation vraiment forte n'a pas besoin de fermer les yeux ni de se boucher les oreilles devant les réalités; elle gagne à reconnaître ses fautes. Or, la France est forte ; elle l'a surabondamment prouvé cette fois-ci encore. Elle a surmonté toutes les difficultés dont les plus graves étaient précisément l'absence de préparation, la méconnaissance de ses responsabilités. Elle s'est révélée, au cours de la lutte, pleine de ressources, de patience et d'application. On peut prétendre, avec orgueil, que la France s'est renouvelée dans l'adversité, qu'elle sortira du conflit grandie à ses propres yeux et à ceux du monde entier. L'Allemagne, au contraire, sera demain moralement et matériellement amoindrie, parce qu'elle a mis son intelligence et sa puissance au service de son égoïsme brutal et de sa fièvre de domination. Nous avons donc le droit d'être sincères et justes. Profitant de la leçon qui conduit tout un peuple aveuglé à sa perte, nous devons étudier avec impartialité l'Allemagne d'avant-guerre, celle qui *a été* et qui *ne sera plus*, dégager du sein de sa vie sociale ses qualités de discipline et de méthode, les manifestations fécondes de son activité, afin d'en faire notre profit. Si cruelle et si néfaste qu'une guerre puisse être, elle n'est jamais stérile. La sagesse consiste à en tirer des conclusions profitables, dans l'avenir, à notre cause qui est celle du progrès et de la liberté.

Ce qui caractérisa l'essor de l'Allemagne avant la guerre, ce furent ses facultés d'assimilation et d'adaptation. Aucune tradition impérieuse n'entravait son évolution. Organisme neuf, venu tard à la civilisation, l'empire germanique sut profiter de l'expérience acquise par les autres peuples et prit chez eux tout ce qui pouvait lui être utile. Une organisation méthodique simplifia les actes quotidiens de la vie sociale et permit à l'activité individuelle de s'exercer sans trop d'entraves au profit de la communauté.

Une des qualités essentielles de l'Allemagne d'avant-guerre fut la *démocratisation du confort*. En France, pays républicain, le confort est l'apanage de la fortune ; il se confond avec le luxe. Chez nos voisins, au contraire, malgré l'autocratisme politique, le bien-être a été mis à la portée de la majorité. Il suffit d'avoir vécu longtemps en Allemagne pour s'en être rendu compte.

Il y a douze ans, j'habitais à Munich un appartement de quatre pièces, avec cuisine, salle de bain toute installée, chambre de bonne attenant à la cuisine (les domestiques, en Allemagne, sont toujours logés dans l'appartement), garde-manger, cabinet de débarras, électricité également installée, gaz, chauffage central, eau chaude et eau froide courantes, ascenseur. Cet appartement me coûtait 600 marks par an, soit 50 marks par mois, charges comprises. La cherté de la vie, au cours des années qui suivirent, fit augmenter les loyers. Avant la guerre mon appartement coûtait 850 marks. Munich est une ville de 600 000 habitants; bien que capitale de la Bavière, elle rentre dans la catégorie des grandes cités provinciales. A Berlin, le même appartement coûtait 1200 marks avant la guerre. Ce prix, en égard au confort, est toujours bien au-dessous des loyers parisiens.

Les propriétaires, quand ils font construire, installent toujours, à leurs frais, l'électricité, le gaz, le chauffage, l'eau chaude, la salle de bain, l'ascenseur. Ils érigent au fond de leurs cours un ou plusieurs bâtiments à petits appartements (*Rückgebäude*, bâtiments de derrière) dont les loyers sont forcément plus modestes, mais qui bénéficient tout naturellement du confort général dont l'installation, en raison de l'extension, devient moins coûteuse.

Je ne parle pas, bien entendu, des maisons ouvrières. Construites dans des quartiers excentriques, elles ne comportent que des petits logements à loyers minimes. Toutefois, elles possèdent toutes l'eau, à volonté, le gaz et l'électricité. Les innovations plus modernes sont réservées aux *herrschaftliche Wohnungen* (demeures bourgeoises).

Les compagnies municipales d'électricité et de gaz ne réclament jamais rien pour le compteur et son entretien. Pourquoi le consommateur paierait-il la location d'un appareil de contrôle qui n'intéresse que le fournisseur ? L'épicier du coin fait-il payer sa balance aux clients ? Le téléphone, dont l'emploi est beaucoup plus répandu qu'en France, n'exige également aucun frais d'installation ni aucune redevance pour l'appareil. L'abonnement annuel comprend logiquement la fourniture d'un appareil et le reliement au réseau. Quand on déménage, l'administration des postes veille à réinstaller, à ses frais, votre appareil dans votre nouvel appartement.

Le rôle du concierge est fort réduit. Il n'a aucun rapport direct avec le locataire qui possède la clé de l'immeuble et peut rentrer et sortir sans son intervention. Le facteur apporte lui-même les lettres et les envois postaux à chaque étage. Le concierge se contente de tenir les escaliers et les couloirs en ordre, d'établir le courant électrique de la minuterie quand le jour baisse, de surveiller l'ascenseur et de chauffer l'immeuble en hiver. Ce n'est pas lui qui présente les quittances ni encaisse les loyers.

On ignore, en Allemagne, la chinoiserie des termes échus ou à échoir le 8 ou le 15 du premier de chaque trimestre, suivant le taux du loyer. On paye son loyer *postnumerando*, par mois, par trimestre ou par semestre, suivant les arrangements pris directement avec le propriétaire (en général le 1er du mois), comme on paye une note de fournisseur, par chèque ou par mandat; un délai tacite de huit jours est consenti. Il n'y a ni quittances, ni timbres-quittance, ni acte de location sur papier timbré. Il n'y a également ni charges, ni taxes supplémentaires. Le prix du loyer est toujours global. Le principe de la vie en Allemagne est la simplification des méthodes. Tout arrangement sous forme de lettre a la valeur d'un contrat. Le moindre «chiffon de papier», si méprisé par les politiciens teutons, vous lie aussi bien qu'un acte notarié, entériné par l'enregistrement. Au besoin, un engagement verbal suffit, s'il a été pris devant témoins; le faux serment dans la procédure civile est puni de bagne. Je connais des marchés importants qui ont été conclus *par téléphone* avec un témoin à chaque récepteur. L'important est d'aller vite. Chaque immixtion intempestive du fisc dans les affaires courantes est une entrave et un retard.

Inutile de dire que l'Allemagne ignore les délices du timbre sur les factures, que les papiers d'état-civil y coûtent un prix dérisoire, que les formalités de leur obtention sont réduites au strict nécessaire. L'organisation des services publics est si naturellement pratique qu'on remarque à peine l'existence d'une bureaucratie.

La poste n'a que deux moyens très simples d'expédier l'argent : la lettre chargée et le mandat-carte. Ce dernier possède un troisième talon perforé, rempli par l'expéditeur. Ce talon sert de quittance. Le préposé n'a qu'à y apposer son tampon, à le détacher et à le rendre à l'expéditeur. Le minimum de temps pour le maximum de besogne. L'enregistrement et la paperasserie administrative indispensable se font plus tard, quand les guichets sont fermés. Le public ne doit pas attendre.

Pour faciliter les rapports commerciaux, la poste s'est chargée d'une série d'opérations de banque sous le titre *Chek-Postverkehr* (relations par chèque postal). Chacun de ses clients fait encaisser ses rentrées et effectuer ses payements par l'administration postale, qui lui ouvre un compte-courant, sous un numéro d'ordre.

La taxe postale entre les deux grands empires du centre a été unifiée. Un lettre de Hambourg à Budapest coûte 10 pfennigs jusqu'à 20 grammes et 20 pfennigs jusqu'à *250 grammes;* une carte postale, 5 pfennigs. Dans la zone d'une ville, l'affranchissement d'une lettre ne coûte que 5 pfennigs jusqu'à 20 grammes et 10 pfennigs jusqu'à 250 grammes.

La poste se charge, sans aucun frais, des abonnements à tous les journaux et périodiques de l'empire. Le facteur vous les remet chaque matin, au premier courrier, sans bande et sans suscription, comme un simple marchand de journaux. L'administration postale les prend directement chez les éditeurs au même titre que les libraires.

Quant aux colis postaux ils justifient pleinement leur dénomination, car leur manipulation incombe exclusivement à l'administration des Postes. Le tarif est de 50 pfennigs pour 5 kg. La *Begleitadresse* (carte d'expédition) qui les accompagne est munie, sans aucune surtaxe, d'un talon de correspondance, pour les communications qu'on désire faire au destinataire. Des automobiles postaux — dans certaines villes comme Munich et Francfort des tramways qui utilisent les lignes ferrées municipales — conduisent les colis à la gare, car ils sont acceptés dans chaque bureau de poste. Là, ils sont chargés dans les wagons postaux et circulent au même titre que les imprimés et dans les mêmes délais. (Un colis postal adressé de Hambourg arrive à Munich 24 heures plus tard.) Des facteurs spéciaux, à tricycles électriques, les distribuent à domicile. On peut, bien entendu, les faire recommander ou les expédier par express, comme une lettre. A l'intérieur d'une ville et dans une zone circulaire de 25 à 30 kilomètres, le tarif est réduit à 25 pfennigs pour 5 kilos. On comprendra les avantages de cette organisation pour le trafic commercial. Il y a des bureaux de poste à Berlin qui reçoivent le soir, à la fermeture des magasins, jusqu'à 300 colis d'une même firme, dont beaucoup contre remboursement.

Les boîtes aux lettres, disséminées dans la ville, sont assez grandes pour contenir les imprimés ; de la sorte on n'a pas besoin d'aller jusqu'au bureau de poste. Les levées se font en tricycles. Le facteur a un grand sac de cuir à fermoir automatique. Quand il applique ce sac contre le fond de la boîte aux lettres, un mécanisme ingénieux ouvre à la fois le sac et le fond de la boîte qui se referment, aussitôt séparés. Outre la rapidité, ce procédé exclut toute possibilité d'égarer une partie de la correspondance.

L'administration des chemins de fer a tout fait pour vulgariser les moyens rapides de transport, car l'activité commerciale d'un pays dépend en grande partie des facilités de déplacement. Là encore, un esprit largement démocratique a présidé à l'organisation des différents services. Le confort en voyage n'est pas l'apanage des gens riches; il est mis à la portée de tous. Les grands express ont des deuxièmes et des troisièmes classes. En Allemagne, on ne voyage presque jamais en première; aussi les premières sont-elles supprimées sur beaucoup de lignes ou réduites à l'état embryonnaire. L'accès du wagon restaurant est permis indistinctement à tous les voyageurs, même en dehors des repas, pourvu qu'ils y consomment. Le droit d'utiliser un express se paye simplement d'un supplément de 1 mark pour 150 kilomètres en 2me classe et de 50 pfennigs en 3me classe pour la même distance ; de 2 marks et de 1 mark, pour une distance supérieure à 150 kilomètres.

Dans l'Allemagne du sud, les trains omnibus possèdent des quatrième classes au tarif de 2 pfennigs par kilomètre.

Les wagons-lits admettent indifféremment les voyageurs de 1re et de 2me classe contre paiement d'une *Bettkarte* (carte de lit) qui varie suivant le parcours et la classe de 6 à 15 marks. Quelques mois avant la guerre, l'Etat avait inauguré des wagons-lits de 3me classe, où la couchette avec draps et oreillers coûtait 3 ou 5 marks, suivant la distance. Le service des wagons-lits avait été étendu, par delà les frontières, aux pays limitrophes qui avaient accepté la convention, comme la Suisse, la Hollande, l'Autriche, le Danemark, la Suède et la Norvège. On avait la facilité d'aller de Berlin à Copenhague ou à Stockholm en 2me classe wagon-lit, sans descendre pour la traversée qui avait lieu en ferry-boat. Le seul supplément à acquitter, en plus du billet de 2me classe, était celui de la *Bettkarte*, soit 10 marks.

Que de fois ai-je pris l'express qui partait de Zurich à 4 heures de l'après-midi et arrivait le lendemain à midi à Berlin, en passant par Bâle, Fribourg en Brisgau, Heidelderg, Francfort, Erfurt, Weimar et Halle. Je montais à Zurich dans mon wagon-lit, muni de mon billet de 2me classe qui coûtait 45 marks, plus ma *Bettkarte* de 10 marks. Nous n'étions que quatre par compartiment, *au plus*, puisqu'il n'y a que quatre couchettes. A 10 heures du soir, l'employé préparait nos lits. On nous réveillait vers huit ou neuf heures du matin. Nous passions au wagon-restaurant. Pendant le petit déjeuner, l'employé faisait disparaître les couchettes. Nous arrivions à Berlin, frais et dispos, ayant couvert la même distance que celle de Nice à Paris en rapide, dans les mêmes conditions de luxe et de confort, mais trois ou quatre fois moins cher. En France, en effet, pour voyager de la sorte il faut beaucoup d'argent.... ou un permis, ce qui n'existe jamais chez nos voisins. Chacun paye sa place, même les journalistes et les députés. Les premiers voyagent pour le compte de leurs journaux qui acquittent le montant de leurs billets ; les seconds n'ont la gratuité qu'au début et à la fin de chaque session du *Reichstag* et seulement pour le parcours entre leur circonscription et Berlin.

Ceux qui ont voyagé en Allemagne connaissent l'aménagement des wagons à couloir de deuxième classe. On n'y est que six par compartiment; on y jouit de toutes les commodités imaginables, nombreux filets à bagages, porte-manteaux, sièges extensibles, appuie-mains, tables mobiles, petites lampes électriques à réflecteur pour la lecture, lavabos et toilettes séparées pour dames et messieurs, savon, essuie-mains individuels qui ne servent qu'une fois, etc, etc. Les troisièmes classes des grands express, où l'on n'est que huit par compartiment, sont bondées de commis-voyageurs qui encombrent le wagon-restaurant ; public très désagréable, sans doute, mais l'Allemagne tient à faire des affaires ; c'est la condition de sa prospérité. Bien que l'Etat offre aux voyageurs économes un grand confort, il y trouve apparemment son compte puisque ses chemins de fer lui rapportent plusieurs milliards par an, que, loin de distribuer en dividendes, il emploie à améliorer encore ses services et à édifier des gares monstrueuses, comme celles de Leipzig, de Hambourg, de Cologne, de Dresde, de Francfort, de Darmstadt, de Munich, de Heidelberg. On y trouve des établissements de bains et de douches, des manucures, des salons de coiffure, des marchands de fleurs, de fruits et de primeurs, des bureaux de poste, de télégraphe et de téléphone, des magasins d'articles de voyage, des libraires, des bars et des restaurants, des boutiques de cigares et de cigarettes, etc.

Les hôtels, si nécessaires à favoriser les déplacements, sont organisés avec le même souci méthodique de confort bon marché, même dans les villes les plus petites. A Hambourg, Breslau, Kœnigsberg, Munich, Weimar, Nuremberg, il existe de grands caravansérails à prix fixes où, pour 3 marks 50, on a une chambre avec cabinet de toilette à eau chaude et eau froide et installation de douches. Pour 4 marks 50, on a chambre, cabinet de toilette et salle de bain. Un bureau spécial, installé dans l'hôtel, permet aux voyageurs de prendre sur place et commodément leur billet de chemin de fer, de réserver gratuitement leur place dans le coupé, d'enregistrer leurs bagages. Au moment du départ, il n'y a plus qu'à se rendre directement à la gare, sans autres formalités.

Partout on retrouve le souci constant de mettre toutes les innovations utiles à la portée du plus grand nombre. Dans chaque ville de l'empire les bains publics sont exploités par les municipalités. En dehors des grandes piscines, il y a dans chacun de ces établissements des bains électriques, des salles d'inhalation, des bains d'acide carbonique, d'aiguilles de pin, des massages, ainsi qu'une installation russo-turque : salles de sudation à air chaud, salles à vapeur d'eau, douches, etc. Un bain russo-turc, y compris les massages et les différentes méthodes hydrothérapiques, le repos subséquent dans une salle confortablement aménagée, coûte de 2 marks à 2 marks 50. Médecin, coiffeur, pédicure, manucure sont attachés à l'établissement, où fonctionne également un restaurant.

Toutes les formalités tatillonnes qui distinguent notre administration sont ignorées en Allemagne. Il suffit, par exemple, de s'adresser à une banque pour encaisser un chèque, vendre des valeurs ou se faire ouvrir un compte, et l'on constate aussitôt la facilité remarquable de ces transactions.

L'octroi n'existe pas. Qu'on débarque à Berlin, à Munich, à Leipzig ou à Hambourg, aucun gabelou ne surveille la sortie des voyageurs ni ne vient palper et faire ouvrir les petits bagages. La tutelle fiscale ou administrative de l'État ne s'abaisse pas à de petites tracasseries journalières qui choquent le bon-sens et entravent le mouvement des affaires. Point n'est besoin de courir à l'enregistrement pour chaque acte important. Ceux qui dirigent les finances de l'empire ont trouvé des moyens plus directs de frapper la fortune et les matières imposables, sans multiplier inutilement les instances et les modalités. On ne paye pas le droit de percer des ouvertures dans la façade des maisons, ce qui permet aux architectes d'aérer davantage les appartements, de leur donner plus de lumière, partant plus de gaieté.

Le service public de la voirie s'exécute vite et discrètement. Par exemple, les ordures ménagères sont enlevées chaque matin par des camions automobiles hermétiquement clos et blindés, sans que l'aspect de la rue ne soit modifié. En effet, les propriétaires sont obligés de construire dans leurs cours, dont les proportions, par raison d'hygiène, sont plus vastes que chez nous, un hangar spécial en tôle, où sont remisées deux grandes poubelles rectangulaires d'un modèle et de dimensions uniformes. Ces poubelles ne quittent jamais le hangar. Les hommes qui accompagnent le camion automobile entrent dans la cour, ouvrent le hangar, passent, de chaque côté du bac plein, des barres de bois, comme pour une chaise à porteurs, et l'amène jusqu'à la voiture. Un système de grue élève la poubelle juste au-dessus du camion, le fond se déclanche, les ordures tombent sans qu'aucune poussière méphitique ne s'en échappe, le couvercle du camion se referme automatiquement, le bac vide est reporté à sa place par les boueurs, revêtus d'un uniforme de cuir gris cendré, et la voiture s'en va plus loin. On peut se promener dans une ville allemande la nuit, on ne rencontre ni chiens errants, ni chiffonniers fouillant les détritus dans des récipients disparates, alignés en files malodorantes le long des trottoirs.

De même, il n'est jamais permis de secouer, à quelque heure que ce soit, tapis, literies et torchons par les fenêtres, soit sur la rue, soit sur la cour. Tapis et tentures sont descendus et battus dans la cour de l'immeuble. Des barres de bois spéciales sont fixées au mur pour y suspendre ces objets. L'usage du nettoyage par le vide, *à bon marché*, s'est, du reste, généralisé dans tous les quartiers convenables.

La propreté méticuleuse des villes allemandes est connue de tous ceux qui ont visité le pays. L'arrosage, le balayage se fait mécaniquement dans tous les quartiers. L'asphalte des rues à Berlin est si lisse que, même par un temps sec, la théorie des autos s'y réflète comme dans un miroir.

Quand il y a des travaux de voierie indispensables, on les exécute la nuit. C'est un spectacle étrange que de rencontrer, vers deux heures du matin, des équipes de 20 à 50 ouvriers, occupés, à la lueur de grosses lampes à acétylène, à réparer une conduite de gaz ou d'eau, à remettre en état la voie du tramway, à asphalter un bout de rue. Si la besogne n'est pas terminée le matin, on établit quelque chose de provisoire et l'on achève le travail la nuit suivante. Il ne faut jamais gêner la circulation pendant les heures où elle est indispensable à la vie de la cité.

Pour la même raison, les municipalités réservent aux enfants des *Kinderplätze* (places d'enfants) dans les jardins publics et les squares. Au milieu d'un taillis ou d'une pelouse ombragée d'arbres, une clairière est aménagée : des tas de sable, des trous assez profonds, des petits bancs, des chaises, un refuge, en cas de pluie, sont mis à la disposition des petits, de leurs mères et de leurs bonnes.

On ignore, en Allemagne, ce que c'est qu'un compteur d'eau. L'eau coule à volonté. Les propriétaires payent une somme globale (*Pauschal*) assez minime, calculée sur le nombre des logements qu'ils louent. Il n'y a pas de limite à la consommation.

L'absence de monopoles permet à la concurrence de produire tous ses effets. Chaque commerçant essaye de donner à sa clientèle ses produits à meilleur compte. Plus un article est répandu, plus il y a de compétitions parmi les fabricants. Le public en récolte le profit. Les allumettes, par exemple, sont d'excellente qualité bien que fort peu coûteuses; les cartes à jouer, d'un prix dérisoire.

Le même principe préside à la publicité. Les journaux ont tout intérêt à la rendre abordable à toutes les bourses. On s'est moqué souvent de ces quotidiens, imprimés sur 16, 20 et 30 pages et paraissant plusieurs fois par jour. Ils permettent une réclame moins chère. La ligne coûte 50 pfennigs à Berlin, 20 à 30 pfennigs dans les petites villes. Bien entendu, il n'y a aucune annonce dans le corps du journal proprement dit. La rédaction et la publicité sont totalement départagées et *indépendantes l'une de l'autre.* Jamais on ne rencontre, entre deux échos, un entrefilet trompe-l'œil, d'allures vaguement rédactionnelles, qui prône tel produit, tel livre, tel spectacle. Un gros trait bien visible sépare la partie *boutique* de la partie rédigée: *Inseratabteilung* (partie d'insertions) ; on sait à quoi s'en tenir. J'avoue que cette conception est plus normale. La presse ne peut qu'y gagner.

Pour rabaisser les avantages d'une organisation aussi méthodique, d'une conception aussi uniformément pratique de la vie sociale, on se plaît à dire qu'elle exige de l'individu une discipline étroite et servile, incompatible avec les principes de la liberté. C'est une grave erreur. La vie en commun n'est possible qu'au prix de concessions réciproques. Quand les hommes s'unissent en agglomérations, la liberté individuelle n'a de raison d'être qu'autant qu'elle ne gêne pas le voisin. Une discipline, intelligemment comprise et sagement consentie, assure à l'organisme de la nation un développement plus rapide et un rendement plus intégral. Ce sont aux détails les plus minimes en apparence qu'on reconnaît les avantages de cette discipline. L'essor industriel et économique de l'Allemagne n'aurait jamais été possible, dans un empire aussi complexe, composé d'éléments si hétérogènes, si les rapports de l'Etat et des particuliers n'y avaient été simplifiés à l'extrême. On tente difficilement de grandes choses quand il faut lutter perpétuellement contre les obstacles entassés à plaisir par une bureaucratie désuète, contre une conception erronée de la vie sociale moderne. Il y a une excuse lamentable qui suffit à paralyser toutes les initiatives : «Jusqu'ici, ça a bien été comme ça ; ça ira bien encore». Triste mélopée de la routine ! Elle compromet l'avenir d'une nation et sa *place au soleil.* Le public s'accoutume à supporter tous les jougs ; il devient veule. Pendant ce temps, le voisin, plus libre dans ses mouvements et, partant, plus entreprenant, progresse.

Cette question n'a rien à voir avec la culture. Elle ressort de la civilisation. La culture, c'est le trésor atavique que nous portons en nous, le feu sacré, l'humus moral dans lequel nous croissons. La civilisation, c'est l'application pratique des découvertes humaines, c'est la plus grande somme de bien-être mise à la portée de la communauté. On civilise les nègres en leur donnant des pantalons, une bible, un fusil et une bouteille de rhum; on ne leur donne pas de culture. S'ils en ont une, c'est celle de leurs ancêtres; elle réside dans leurs pagnes de couleurs, dans leurs statuettes de bois grossièrement sculptées, dans leurs costumes, dans leurs danses, leurs chants, leur musique.

Les Allemands nous ont «emprunté» le mot *Kultur*, mais en y mettant un *k* ils en ont fait une conception germanique, qui ressemble à leur camelote, *billig und schlecht* (bon marché et mauvaise). Ils sont civilisés, ils ne sont pas cultivés. Comme le nègre, ils n'ont que le pantalon, la bible, le fusil et la bouteille de rhum; ce sont leurs dirigeables, leurs paquebots, leurs banques, leurs fabriques énormes, leurs canons monstrueux, leurs palais lourds, leur capitale bien propre, bien lisse et bien laide. Tout est pratique, kolossal, mais aucune poussière de vieille humanité ne flotte autour de ces choses. Ils ont jeté par dessus bord le lest qui les empêchait, croyaient-ils, de monter, de monter toujours, et ce lest c'était justement leur trésor, tout ce qui constitua la valeur de leur race, aujourd'hui déshonorée. Ah! s'ils avaient notre culture sans *k*, celle qui souvent nous lia les mains, mais exalta toujours notre âme latine! Heureusement on ne peut pas dérober à un peuple sa culture et sa tradition, comme on lui prend sa clientèle, comme on copie ses inventions, comme on pille ses savants. Ce qu'ont fait les Allemands, nous pouvons le faire à notre tour, sans déroger. Ils ont organisé l'effort, ils ont réalisé et appliqué chez eux ce que d'autres avaient conçu chez nous et ailleurs. Il n'y a pas de honte à reprendre à un singe le miroir qu'il a volé et dont il se sert à contre-sens.

La puissance de l'Allemagne n'a jamais résidé dans le

caractère hautain et fier de la race, elle n'est que la résultante de son adresse mercantile et industrielle, qui lui a permis de s'insinuer partout. La confédération germanique n'est devenue insolente et brutale que lorsqu'elle a cru posséder tous les atouts dans son jeu et qu'elle a été persuadée de la faiblesse des autres. L'Allemand avale toutes les couleuvres, aussi longtemps qu'il se croit le moins fort.

Un soir un Saxon est attablé dans une brasserie avec deux étrangers qui le tournent en ridicule et, pour s'en débarrasser, lui font subir toutes sortes d'avanies. Quand sa patience est à bout, notre homme s'écrie :

— *Sie haben mir die Füsse getreten, Sie haben in mein Glas Bier gespuckt. Wenn Sie noch eine Lippe riskieren... setze ich mich an einem anderen Tisch.* (Vous m'avez d'abord marché sur les pieds, ensuite vous avez craché dans mon verre de bière. Si vous osez encore la moindre chose... je vais m'asseoir à une autre table.)

Voilà ce qn'ils racontent d'eux-mêmes.

Quand ils se rendent en groupes bruyants, le dimanche matin, dans les salles d'un restaurant Kempinski, à Hambourg ou à Berlin, ils commandent du champagne, des huîtres, des plats exotiques pour leur *Frühschoppen* (déjeuner de onze heures). Ils s'émerveillent du luxe de pacotille qui les entoure, des colonnes de ciment armé, des stucs outrageusement dorés, des nappes blanches, des seaux à glace, des plats en simili-argent, des verres en faux cristal. Ils sont alors persuadés qu'ils ont des goûts sybarites et raffinés mais le *Sekt* (champagne allemand) qu'ils boivent est un jus de pomme frelaté à 3 marks la bouteille et les huîtres qu'ils dégustent sont sans saveur. L'apparence leur suffit ; jamais ils ne vont au fond des choses.

Les sentiments élevés de justice, de liberté, de fraternité ne les intéressent que par leurs côtés utilitaires. Il n'y a plus en eux l'étoffe des martyrs et des apôtres. Ils ne savent plus souffrir pour un idéal lointain ; c'est sans doute pour cela qu'ils ont toujours eu peur de la révolution et des gendarmes.

Un gros commerçant de Berlin conduit un procès douteux contre un rival. Obligé de s'absenter avant la décision du tribunal, il prie son avocat de le tenir au courant du résultat. L'homme de loi, fier d'avoir gagné la cause de son client, lui télégraphie emphatiquement : *Die gerechte Sache hat gesiegt.* (La cause juste est victorieuse). Le commerçant répond immédiatement: *Legen Sie Berufung ein.* (Faites appel). Sa conscience trouble le porte à croire au triomphe de son adversaire.

C'est en glanant des anecdotes de ce genre qu'on pénètre le mieux la mentalité des Allemands.

Leur mégalomanie patriotique, qui les pousse au massacre aujourd'hui, — par obéissance — les a, plusieurs années durant, incités à renier leur origine quand il s'agissait d'accaparer les marchés mondiaux et d'écouler leurs produits. Ils ne s'embarrassent guère de fierté nationale, leur peau sait changer de couleur comme celle des caméléons, quand leur intérêt l'exige.

Quelques années avant la guerre, les bazars parisiens et les magasins de porcelaine furent inondés de moutardiers grotesques, qui représentaient un groin de cochon, surmonté d'un casque à pointe en guise de couvercle. L'article eut du succès et cette caricature du militarisme allemand s'écoula rapidement. L'ambassade d'Allemagne fit des représentations amicales au gouvernement français qui s'émut. Nous étions en temps de paix. La politesse internationale nous interdisait de blesser gratuitement nos voisins, en les ridiculisant de la sorte jusque dans les vitrines de nos boutiques. Une enquête eut lieu. Ses résultats furent inattendus. Les moutardiers incriminés sortaient d'une fabrique allemande de Francfort. Une bonne affaire vaut bien une apostasie.

(DESSIN DÉ TH. TH. HEINE.)

Un brave Allemand et sa femme partent pour Londres,
en costume national. Ils en reviennent quinze jours plus tard,
accoutrés à l'anglaise.

Je souhaite que mon pays sache profiter de tous ces enseignements, des bonnes et des mauvaises choses. Après la moisson, il faudra séparer le bon grain de l'ivraie. Nous aussi, nous aurons besoin de coordonner nos efforts, d'organiser méthodiquement notre vie sociale et *notre renaissance*. Cette organisation, nous n'en ferons pas, comme nos adversaires, un instrument de violence et de domination. Fidèles à notre tradition, nous saurons nous en servir pour l'émancipation et la liberté des hommes.

CHAPITRE VI

MILIEUX JUIFS

(A Berlin, les chrétiens pur sang commencent à se plaindre en secret de ce que le Christianisme est maintenant passé tout entier dans les mains des Juifs.)

HENRI HEINE, *Reisebilder*.

En 1895, je débarquai par une matinée chaude d'été à Francfort. J'étais ému. C'était la première fois que je venais en Allemagne. Tout le long de la route, j'avais gardé un silence prudent, de peur qu'on ne reconnût ma nationalité à mon accent.

A Kaiserslautern, où j'avais dû interrompre mon voyage, j'avais dormi sur un banc de la salle d'attente, près d'un immense poêle de fonte dont les motifs décoratifs exaltaient brutalement le triomphe de la Germania sur la France. Ce voisinage avait redoublé mes appréhensions. Je me souvenais de mon enfance, de toutes les horreurs qu'on m'avait racontées sur l'odieux Prussien. Je revivais par la pensée la journée mouvementée de la première de Lohengrin à Paris, le terre-plein de l'Opéra bondé de manifestants, les cris hostiles poussés par la foule contre l'ennemi héréditaire. J'envisageai des représailles possibles. Que diable étais-je venu faire dans ce pays, moi qui, à cinq ans, tailladais farouchement et brûlais à petit feu ceux de mes soldats de bois peints, revêtus de l'uniforme allemand ?....

Au petit jour, un colosse barbu, sanglé dans l'uniforme des employés de chemin de fer, me secoua pour m'avertir du départ imminent de mon train. A voir mon trouble et ma difficulté d'élocution, il sourit dans la broussaille de ses poils blonds et me dit en mauvais français : « Vous venez de Paris ? » J'acquiesçai de la tête. Sa cordialité devint exhubérante.

— Ah ! Paris, quelle belle ville ! Comme je l'aime ! Que je voudrais y retourner !

J'apercevais, derrière son torse puissant, le poêle monumental de la salle d'attente. La Germania, casquée et cuirassée, appuyait son pied pesant et la pointe de son glaive sur la poitrine de la France terrassée. Je ne parvenais pas à établir de transition possible entre la rudesse blessante de ce symbole de fonte et les manières bénévoles de mon interlocuteur. J'étais si jeune ! Je n'avais que vingt-trois ans.

— Vous connaissez Paris ? — lui demandais-je avec circonspection.

— Sans doute, — répliqua-t-il fièrement, — j'y suis entré avec nos troupes, en 1871.

Et il continua à m'envelopper d'un regard sympathique.

Ma première promenade, à Francfort, me conduisit au *Zoologischer Garten*. Je fus salué, dès l'entrée, par l'assourdissante cacophonie des perroquets. Les cacatoès et les aras bariolés se balançaient sur des perchoirs en plein vent, le long des pelouses piquées de fleurs. En dépit de la chaîne rivée à leur patte, ils se livraient à des ébats compliqués, agitaient bruyamment leurs ailes, s'escrimaient du bec et des ongles sur leurs mangeoires de zinc, déployaient leurs aigrettes chatoyantes et fixaient curieusement les promeneurs de leurs prunelles luisantes et rondes.

L'un d'entre eux, un ara rouge et bleu, au bec proéminent et recourbé, ressemblant étrangement à un vieux banquier israélite, pencha la tête dès qu'il me vit et, m'apostrophant de sa voix de ventriloque, il cria : « *Kohn, Kohn, scho' wieder a' Jud'!* » (Cohn, voilà encore un Juif !)

Vexé de la remarque, fausse d'ailleurs, je constatai bientôt que l'oiseau sarcastique l'adressait indifféremment à tous les visiteurs. Il traduisait ainsi le mépris de son gardien pour la majorité sémite de la population de Francfort.

Telle fut la façon originale dont j'abordai le problème juif en Allemagne.

Il est impossible de comprendre la vie politique et sociale d'outre-Rhin, si l'on n'a pas vécu dans les milieux israélites allemands. Point n'est besoin d'adopter un point de vue philosémite ou antisémite pour constater le rôle joué par les Juifs dans la Confédération germanique. Ce rôle n'est que la résultante naturelle des antécédents historiques de l'empire.

A l'heure actuelle, l'Allemagne et l'Autriche sont, immédiatement après la Russie, les Etats d'Europe où l'élément judaïque compte le plus de représentants : 1 700 000 en Autriche-Hongrie, 900 000 en Allemagne[1]. Leur émancipation a été lente et tardive. Elle a commencé à la fin du XVIIIe siècle sous l'influence des nouvelles idées françaises. L'édit de tolérance autrichien de 1782 et une loi allemande de 1803 en marquent les premières étapes. En 1808, Jérôme Bonaparte accorda pour la première fois la plénitude des droits civiques aux Juifs de Westphalie. La Prusse suivit timidement cet exemple en 1812, date à laquelle un édit spécial incorpora les Juifs à la nation. Mais l'autocratisme des différentes cours d'Allemagne exigeait des restrictions qui rendaient ces réformes illusoires. La constitution du 31 janvier 1850, en proclamant l'égalité définitive des Allemands et des Juifs, interdisait néanmoins à ces derniers la carrière de l'enseignement, celle des

---

[1] La Prusse, à elle seule, possède plus des deux tiers de cette population israélite.

armes, la magistrature, les fonctions municipales et jusqu'à l'humble rôle de juré.

Bien que la nouvelle confédération germanique ait confirmé l'émancipation des Juifs par la loi promulguée le 6 février 1875, à la veille de la guerre actuelle les Israélites se voyaient toujours exclus, en fait, sinon en droit, de l'armée et des plus hautes charges de la magistrature. L'esprit de caste, qui a survécu, chez nos ennemis, à toutes les transformations politiques, leur assigne encore une place à part dans la société.

Tandis que les peuples latins, dont la vieille culture a pris naissance sur les bords de la Méditerranée, ont vite assimilé, en l'affranchissant, la race israélite, d'origine également méditerranéenne, le Germain, peuple nordique, venu plus tard à la civilisation, n'a pas montré les mêmes facultés d'absorption. La nature orientale du Juif y tranche trop sur le milieu ethnique pour qu'il perde son caractère de métèque. Par contre, les différences de nationalité ne l'ont point affecté ; c'est la raison de sa force dans l'empire actuel. La confédération groupa autour des Hohenzollern, de manière violente et factice, toutes les branches de la famille teutonne, si dissemblables de mentalité, de tradition et d'atavisme. Seuls, les Juifs, disséminés à travers l'Allemagne et la Prusse, acceptèrent, sans arrière-pensée, la nouvelle patrie synthétique qu'on venait de fonder sous les auspices de la victoire et dont ils prévoyaient l'essor rapide.

Il existe encore actuellement, en Allemagne, des Prussiens, des Saxons, des Badois, des Wurtembergeois, des Bavarois. Les Juifs, eux, sont exclusivement allemands. Du nord au midi, de l'est à l'ouest, ils forment l'armature de l'empire.

Grâce à leurs facultés innées d'adaptation, ils ont compris de suite le parti qu'ils pouvaient tirer de l'organisme de la nouvelle Allemagne. Par le rationalisme et la continuité de leurs efforts, ils ont accaparé progressivement les domaines où leur activité ne subissait aucune contrainte, celui de l'argent et celui de la pensée. C'est ainsi que les Juifs allemands sont devenus, à leur insu peut-être, les missionnaires du pangermanisme. Ils n'affichaient pas, sans doute — à l'exception de Maximilien Harden dont l'attitude fait partie d'un programme — la brutalité outrancière ni l'étroitesse de vue des *Junker* et des *agrariens*. Ils n'étaient surtout pas partisans de la guerre, qu'ils estiment un moyen de domination aléatoire et suranné, mais ils avaient entrepris la pénétration pacifique du monde, par l'entremise de leurs banques, de leur commerce et de leurs industries. Ils avaient su tirer parti de l'orientation de la politique impérialiste et de leurs parentés internationales pour affirmer partout la prépondérance de la plus grande Allemagne, dont ils étaient les citoyens les plus remuants et les plus entreprenants. L'action de la *Viktoria* à Paris, par exemple, dont on a tant parlé ces derniers temps, était leur œuvre et, jusque dans le domaine du théâtre, l'agence Slivinski, dont l'officine parisienne achetait nos pièces à succès, nous inondait d'opérettes juives : *Rêve de valse* et *Veuve joyeuse*, pendant que la fondation Astruc, aux Champs-Elysées, était soutenue, en partie, par les capitaux des grands éditeurs de musique israélites d'Allemagne. On pourrait multiplier les exemples.

Si les uns monopolisaient à leur profit le haut commerce, la finance et l'industrie, les autres accaparaient les professions libérales. Les grands médecins, les professeurs d'université notoires, les avocats célèbres étaient surtout des Juifs. La presse la plus influente et la plus répandue leur appartenait.

Trois grandes maisons juives, à Berlin, dominent le journalisme de la métropole. Rudolf Mosse édite le *Berliner Tageblatt* et ses quatre *Beilagen* (suppléments) : *Der Weltspiegel,* (le Miroir mondial), journal illustré d'actualité, *Ulk* (Farce), feuille satirique de caricatures, *die Technische Rundschau* (revue des sciences techniques appliquées), *Haus, Hof und Garten* (Maison, cour et jardin), journal d'horticulture et d'agriculture. Son agence de publicité rayonne sur tout l'empire; il possède même des journaux à l'étranger.

August Scherl (G. m. b. H.)[1], qui a cédé sa maison au gouvernement prussien un an avant la guerre pour la somme de 11 millions de marks, éditait le *Lokalanzeiger* et le *Tag*, sans compter une demi-douzaine de périodiques illustrés, dont les plus importants sont la *Woche* (la Semaine), la *Gartenlaube* (la Tonnelle), *Daheim* (Chez soi), etc.

Les Ullstein ont à eux seuls trois grands quotidiens: la *Berliner Morgenpost*, la *Berliner Zeitung am Mittag*, la *Vossische Zeitung*. Ils publient, en outre, plusieurs magazines, entre autres, la *Berliner Illustrierte Zeitung* et le *Sport im Bild*.

Le *Berliner Börsen-Courrier* est aussi un journal juif, de même la *Frankfurter Zeitung*, avec ses cinq éditions par jour, l'organe le plus répandu de l'Allemagne. Ceci n'est qu'un aperçu.

A part les *Hoftheater* (théâtres de la Cour), qui appartiennent à chaque prince régnant de la confédération, et dont les « Intendants » sont, en général, d'origine noble, tous les théâtres importants sont dirigés par des Juifs. A Berlin, les *Kammerspiele* et le *Deutsches Theater* (Max Reinhardt), *Königgrätzertheater et Berliner Theater* (Bernau), *Lessingtheater* (jadis Brahms, et, depuis sa mort, Barnowski), *Kleines Theater* (Dr Alven), *Berliner Schauspielhaus* (Dr Lothar), *Nollendorfplatztheater* (Dr Halm), *Passage-Theater* (Rosenfeld); le *Schauspielhaus* de Dusseldorf (Louise Dumont), le *Schauspielhaus*

---

[1] *Gesellschaft mit beschränkter Haftpflicht*, société anonyme à capital limité.

de Munich (Stollberg), le *Residenztheater* de Wiesbaden (Rauch),
le *Stadttheater* de Fribourg-en-Brisgau (Dr Oppler-Legband) ;
à Königsberg le *Schauspielhaus* (Geyer), à Breslau le *Stadttheater* et le *Lobetheater* (Dr Löwe) ; le *Frankfurter Schauspielhaus* (Gottschalk), le *Dresdener Central-Theater*, (Gordon).
Je cite au hasard de la plume ; l'énumération totale seraït
trop longue : elle embrasse toute l'Allemagne.

Inutile de dire que, dans ces conditions, l'antisémitisme
actif est devenu impossible. Au point de vue politique, il avait
déjà perdu toute signification depuis les équipées burlesques
du Graf Puckler, qui avait fait la joie de Berlin de 1892 à 1898,
en promenant son éloquence populacière à travers les cabarets borgnes de la capitale. L'un d'eux subsiste encore dans
la *Friedrichsstrasse*, vestige attardé de l'époque où le farouche adversaire d'Israël se colletait en public avec les descendants d'Abraham qui lui tombaient sous la main. On y trouve
des inscriptions violentes : *Hier sind die Juden nicht geduldet.*
(Ici les Juifs ne sont pas acceptés.) Des proclamations antisémites émaillent les murailles et des statuettes grotesques
d'Ahasverus encadrent, sur une étagère, la prestance un peu
lourde du vieux Bismarck.

Il est certain que ni les hobereaux, ni la cour, ni le centre
catholique ne sont favorables aux Juifs. Mais les journaux de
ces partis n'ont guère de résonance. Ils sont, en même temps,
les adversaires des libertés populaires. Leur antisémitisme
demeure donc platonique.

En tous cas, les intellectuels n'agitent plus ces questions
brûlantes, à part le professeur d'économie politique Werner
Sombart, aryen philosémite, dont les ouvrages et les conférences sont très goûtées à Berlin. Les théâtres sont juifs, les
éditeurs sont juifs, la grande presse est juive. Toutes les
routes qui mènent à l'opinion publique sont bien gardées.

Un jour, un écrivain m'avouait ironiquement : *Das Anti-*

semitismus ? Ja, es ist sehr gut; aber es wird erst lebensfähig wenn ein tüchtiger Jud' die Sache in die Hand nimmt. (L'antisémitisme ? Oui, c'est une chose excellente, mais il ne deviendra viable que si un Juif intelligent le prend en main.)

Rössler, à la fois auteur dramatique et acteur, me confia un soir au café Stéphanie, le Procope de Munich, qu'il venait de terminer « une petite chose » *(eine kleine Sache)* qui ferait du bruit; il me passa le manuscrit; c'était celui des *fünf Frankfurter Herren* (les cinq Messieurs de Francfort). Juif lui-même, Rössler connaissait admirablement l'âme de l'Allemagne moderne. Sa pièce s'inscrivit à tous les répertoires; on la joua même à Paris. Il y gagna une fortune.

Berlin, métropole de la Prusse, est devenu peu à peu la capitale de l'empire grâce aux Juifs allemands. Ils y ont établi leur quartier général. C'est à eux que la ville doit le cosmopolitisme, l'animation nocturne, le luxe et le plaisir. Tandis que leurs bureaux, leurs comptoirs, leurs entrepôts animent le cœur de la cité, ils élisent domicile dans les quartiers de l'Ouest, aérés et spacieux, le Berlin W. ou même le Berlin WW., comme on dit ironiquement pour marquer la quintessence de l'élégance. Le *Kurfurstendamm*, large avenue plantée d'arbres et bordée de maisons aux façades lourdement sculptées, est leur voie triomphale. Un éternel corso la sillonne. Le professeur Israël y coudoie le banquier Bleichröder; Maximilian Harden y croise Max Reinhardt; Rudolf Mosse, roi de la presse, y salue Wertheim, roi du bazar, ou Baruch, empereur des costumiers. D'aucuns possèdent une villa prétentieuse et riche à Grunewald, au milieu des pins chauves et décolorés de la banlieue berlinoise.

Les Juifs se sont fixés dans tous les grands centres d'affaires où leur présence était avantageuse à leurs intérêts, à Leipzig, ville du livre et des foires internationales, à Hambourg, entrepôt du commerce maritime d'outre-mer. Mais, après

Berlin, les deux villes de l'empire où ils règnent en maîtres sont Breslau à l'est et Francfort à l'ouest: les deux portes ouvertes sur l'étranger; d'un côté la Russie, la Pologne et l'Autriche, de l'autre, la France, la Belgique, la Hollande, l'Angleterre, la Suisse et l'Italie. C'est là qu'il se tiennent aux aguets et surveillent les marchés du monde.

Beaucoup de Juifs allemands exagèrent à plaisir leur patriotisme et leur loyalisme pour bien marquer leur attachement à leur patrie et à leur empereur. Maximilien Harden, petit acteur insignifiant, distingué par Bismarck en raison de sa causticité, se pose actuellement en sauveur de la nation et s'affirme plus prussien que Guillaume. Pendant qu'il recommande la brutalité et le cynisme, son coreligionnaire Lissauer écrit des hymnes de haine contre les peuples qui ont osé résister aux volontés du militarisme allemand [1].

Cependant, en dehors de ces exagérations, les Israélites représentent l'élément libéral avancé de l'empire. Ils ont vite compris que l'autocratisme était un anachronisme dangereux dans un Etat moderne. S'ils admiraient sans réserve les effets de la discipline et l'organisation, ils comprenaient néanmoins que l'esprit de caste leur interdisait encore l'accès du pouvoir effectif et que les destinées du pays étaient à la merci d'une minorité trop puissante et trop bien en cour. Ils s'efforcèrent donc d'éclairer la conscience allemande.

Ce sont deux Juifs, Karl Marx et Ferdinand Lasalle, qui semèrent dans la masse les nouvelles idées sociales. La Sozialdemokratie, parti d'émancipation et d'opposition, était un merveilleux instrument dont les bourgeois juifs surent jouer. Ils organisèrent le mouvement et la plupart des grands leaders

---

[1] A Lissauer il faut opposer Karl Liebknecht, d'origine également sémite. Remarquons cependant combien souvent ce parlementaire proteste de son amour pour l'Allemagne. Hermann Fernau agit de même: *Gerade weil ich Deutscher bin*, Précisément parce que je suis Allemand. Les Juifs seront certainement les premiers à reconnaître le crime commis et ses désastreuses conséquences.

sozialdemokrates sont aujourd'hui des Sémites. Ceux qu'effrayent encore les théories de communisme ou d'internationalisme, se contentent d'être des *Freisinnige*, sorte de radicaux-socialistes.

Comme ils ont le sens profond de la satire, ils ont battu en brèche le byzantinisme de la cour de Prusse et tous les ridicules du caractère germanique, tour à tour obséquieux et arrogant. Le *Simplicissimus*, devenu célèbre par le mordant de son humour et la valeur de ses dessinateurs, a joué un grand rôle dans l'évolution de l'Allemagne. Il a été fondé vers 1894, à Munich, par l'éditeur Albert Langen et par Th. Th. Heine, le plus grand caricaturiste allemand. Les *Lustige Blätter* sont également l'œuvre d'un Juif, Eysler. Tous les ironistes allemands sont juifs : Moskowski, Stettenheim, Presber, Pserhofer, Roda, Schanzer [1], etc., etc. Leur verve, un peu démoralisante, devient souvent cruelle. Ils ne craignent pas de s'attaquer à eux-mêmes car ils possèdent le don de la *Selbstironie* (ironie de soi), qui a toujours été le trait saillant de leur race.

Et pourtant, malgré leur libéralisme et leur soif d'indépendance, malgré leurs dons d'observation, aucun d'eux n'a protesté à l'heure grave des déclarations de guerre. Ils se sont soumis sans murmurer, comme les Sozialdemokrates. Ils

---

[1] Les noms patronymiques des Juifs se reconnaissent à première vue en Allemagne. Quand ils ne sont pas d'origine hébraïque comme *Aaron, Kahn, Melchissedec, Israël, Levy* etc., ils sont de simples noms communs de métiers comme *Schnitzler* (le sculpteur), *Meyer* (le fermier), *Goldschmidt* (l'orfèvre) etc., ou des noms de pays, de villes ou d'habitants de villes : *Deutsch, Oesterreicher, Berlin, Berliner, Worms, Wormser, Regensburger, Leipziger, Wien, Wiener*, etc., etc. Beaucoup de noms juifs sont aussi des mots composés à signification vulgaire, tels *Rothschild* (enseigne rouge), *Braunschild* (enseigne brune) *Rosenberg* (montagne de roses), *Rosenfeld* (champ de roses), *Grünbaum* (arbre vert) etc. J'ai connu un commerçant sémite à Breslau qui s'appelait *Hundert Markschein* (billet-de-cent-Mark). L'origine de ces noms remonte au XVIe siècle. Quant il fallut dresser l'état civil des Israélites, on se contenta, pour ceux dont les noms hébraïques étaient trop difficiles à noter, soit de leur lieu de résidence, soit du métier qu'ils pratiquaient, (c'est pourquoi il y a tant de *Kaufmann* en Allemagne), soit du surnom typique que leur entourage leur avait donné.

avaient pourtant la presse et les intellectuels à leur merci. Les raisons de cette défection à la cause de l'humanité sont multiples. D'abord l'état de guerre, proclamé en Allemagne dès le moment où la situation internationale devint critique, permit au gouvernement de « cuisiner » la nation entière, pour s'en faire un instrument docile. Des mensonges habiles et plausibles posèrent l'Allemagne en victime de la fourberie des Alliés. En face du danger couru, le devoir des citoyens était tout tracé ; ils devaient taire leurs aspirations et leurs critiques, remettre à plus tard leurs luttes pour l'obtention d'un idéal politique, et sauver d'abord la fortune de l'empire, traîtreusement attaqué par des voisins jaloux. Le fonctionnement parfait de la monstrueuse machine de guerre, en jugulant la presse et l'opinion, donnait à ces explications spécieuses la solidité de dogmes indiscutables. A peine si, après 23 mois de lutte, la vérité commence à se faire jour chez nos ennemis.

Les Juifs, attachés à l'empire auquel ils devaient leur essor, acceptèrent la dure nécessité de la guerre. Pour soutenir leur dévouement à la cause nationale, on eut soin d'orienter leurs regards vers l'est.

Nous connaissons mal la Russie ; nous vivons trop loin de ses frontières, nous ne sommes pas un peuple de voyageurs et notre intérêt politique nous oblige à beaucoup de réserve. Les Juifs d'Allemagne, qui parcourent l'Europe pour leurs affaires, connaissent les formalités complexes des passeports [1], les interdictions de séjour dans certaines villes, l'obligation d'élire domicile dans un quartier désigné, l'interdiction de stationner à la même place au-delà des délais fixés par la police, etc., etc.

---

[1] Lorsque Max Reinhardt, avec toute sa troupe, se rendit à Pétrograd, en 1912, il fallut l'intervention du gouvernement allemand pour faciliter son admission sur le territoire russe et son passeport ne lui permit de franchir la frontière qu'à titre de voyageur de commerce pour une fabrique allemande de faux-cols en celluloïde.

Le voisinage immédiat de la Russie les renseigne plus vite et mieux que nous sur l'intolérance de la bureaucratie russe. Ils furent aux premières loges pour suivre toute l'horreur des progroms. Aussi, au cours de la guerre actuelle, a-t-on pu constater le peu d'enthousiasme de la population galicienne pour l'avance russe. Les Juifs d'Allemagne redoutent donc la victoire d'un peuple hostile à leurs libertés et à leur prépondérence, récemment acquises au prix d'efforts ininterrompus.

Leur patriotisme, si sincère soit-il, n'est pas instinctif; il est raisonné. Certains d'entre eux, ayant supputé les risques que la guerre les forcerait à courir, ont refusé leur concours. C'est le cas de beaucoup de Juifs allemands fixés à l'étranger et dont tous les intérêts avaient émigré.

Le 2 juillet 1914, j'étais à Portofino, aux environs de Gênes. Certes, la beauté lumineuse du paysage italien, le doux frémissement des oliviers feuillus, l'arome subtil des mimosas, la grâce miroitante du golfe bleu, rien ne faisait prévoir, emmi l'harmonie des choses, le cataclysme qui allait fondre sur la vieille Europe. Il y avait bien les journaux, mais chacun avait la conviction que tout s'arrangerait au moment voulu. Et pourtant, dans ce repli charmant de la côte ligurienne, je sentais déjà s'allonger l'ombre encombrante de l'Allemagne. Au sommet d'une colline boisée, parmi la sveltesse des pins et des eucalyptus, s'abritait la villa où le père de Guillaume II vint mourir. Non loin de là, une maison plus modeste accueillait, chaque printemps, Gerhardt Hauptmann. A cheval sur l'isthme étroit qui relie la presqu'île de Portofino à la Riviera, le palazzo du comte de Mumm-Scharfenstein [1] étageait ses terrasses de marbre en face du large et les jardins prestigieux du diplo-

---

[1] Ancien ambassadeur d'Allemagne en Chine, le comte Mumm, apparenté, du reste, aux fabricants de champagne, avait donné sa démission à cause — avouait-il lui-même — de la stupidité de la diplomatie allemande. Depuis la guerre, il a été nommé, par l'empereur, directeur au Ministère des Affaires étrangères de la Wilhelmstrasse. C'est lui qui est en rapport avec les représentants accrédités des pays neutres.

mate escaladaient les hauteurs rocheuses de la baie. C'est là que l'empereur d'Allemagne vint lui rendre visite, en 1914. Les arcs de triomphe décorèrent le gracieux village aux arcades ombreuses, tapi au bord de la mer. Le monarque gravit la Salita qui conduisait au terre-plein de San Giorgio, salué par l'enthousiasme des pêcheurs et des dentellières. L'Albergo où je logeais, sur le port, avait été la maison princière d'une vieille famille aristocratique allemande, et, sur la terrasse où je prenais mes repas, entre des touffes d'hortensias bleutés, je n'avais comme voisins de table que trois Juifs allemands, trois frères, établis depuis plusieurs années à Gênes, à la tête d'une grande maison d'exportation.

La déclaration de guerre nous surprit à dîner. Nous nous regardâmes, atterrés. L'aîné, à peine âgé de trente-huit ans, me demanda ce que je comptais faire.

— Rentrer immédiatement en France, — répondis-je sans hésitation.

Les trois frères se considérèrent silencieusement, puis ils se mirent à pérorer avec vivacité. Ils m'expliquèrent que la mobilisation les ruinait. Leur maison, engagée dans de grandes spéculations, réclamait une surveillance incessante. Ils maudirent l'empereur. « *Er ist verrückt!* » (il est fou!), criaient-ils.

Moi aussi je pensais à ce que la guerre me coûterait, à mes intérêts en Allemagne, à mon intérieur de Berlin, à tout ce que l'orage allait irrémédiablement engloutir. Devant nous, la mer clapotait doucement contre le môle, le soleil couchant empourprait les cîmes. Dans le recueillement du soir, j'écoutais sourdre au fond de mon âme la chanson lointaine de mon enfance et je compris que rien ne saurait m'empêcher d'aller rejoindre mes frères, à l'heure du danger.

Mes trois compagnons discutaient toujours. L'aîné se tourna vers moi :

— Quel parti prendre ?

— Je n'ai pas de conseil à vous donner. Seule, votre conscience peut vous dicter une ligne de conduite.

— Et nos intérêts ? — s'exclama mon interlocuteur.

Ils firent venir des cartes. Je les observai, très intrigué. Ils tirèrent au sort pour savoir qui d'eux trois resterait. Celui que le destin désigna déserta sa patrie, pour sauver la fortune commune et les deux autres partirent en même temps que moi, le lendemain matin.

* * *

Chez les Juifs d'Allemagne il n'y a pour ainsi dire point de basse classe. Tandis qu'en Autriche les Juifs de Galicie vivent dans une promiscuité misérable et sont réduits aux métiers les plus vils [1], les Israélites de la Confédération germanique se sont progressivement élevés dans la hiérarchie sociale et les plus humbles d'entre eux appartiennent à la petite bourgeoisie. Chose curieuse, ils s'adonnent rarement aux travaux manuels ou serviles. Le nombre des ouvriers juifs est infime. On ne voit jamais de *Kellner* sémites. J'ai vécu vingt ans en Allemagne sans rencontrer un seul *Dienstmann* (commissionnaire), un seul cocher, un seul contrôleur de tramway ou de chemin de fer qui fût de race israélite.

Dans certaines villes, à Nuremberg, à Leipzig, à Dresde, il existe encore un quartier juif, vestige de l'ancien ghetto. Les habitants de ces ruelles étroites, dont la plupart s'appellent toujours *Judengasse*, se livrent surtout à la brocante, au commerce des vieux habits, de la ferraille et des antiquités. On y trouve aussi des boucheries et des restaurants juifs qu'on appelle *koscher*, c'est-à-dire purs et selon les rites. L'a-

---

[1] Il faut avoir vu la population sémite de Tarnopol, Lemberg et Przemisl pour se faire une idée de la pauvreté sordide des milieux juifs. Les hommes portent encore la lévite de soie noire et les longues boucles en tirebouchon le long des tempes, qu'on appelle en dialecte autrichien *Läuseschaukel* (balançoire à poux). Le terme exact pour désigner ces boucles rituelles est *Beikes*.

près-midi du vendredi, veille du sabbat *(Schabès)*, ils ferment soigneusement leurs échoppes. Dans ces milieux subsiste encore une grande fidélité aux coutumes judaïques. Plus le juif s'élève dans la société, moins il pratique sa religion. Son ambition et ses relations l'incitent à dissimuler ses origines. Beaucoup d'entre eux adoptent la religion protestante et j'en ai même connu un qui, devenu protestant, se fit baptiser catholique. Comme je lui demandais l'explication de ces conversions successives, il me confia :

— Quand on me demande ma religion [1], je réponds : catholique. Et si l'on veut savoir ce que j'étais auparavant, je réponds : protestant.

Je voyageais, un jour, de Hambourg à Berlin avec trois Juifs. Ils ne se connaissaient pas avant le départ de l'express, mais la glace fut vite rompue et la conversation roula sur la religion. Ils avaient vite reconnu qu'ils étaient *Glaubensgenosse* (coreligionnaires). Tous les trois avaient embrassé la religion protestante, l'un d'eux parce que son fils aspirait à la magistrature et qu'il tenait à lui faciliter cette carrière, l'autre parce que son commerce l'y avait obligé : il éditait des ouvrages religieux. Seul, le troisième répondit qu'il avait abjuré *aus Ueberzeugung* (par conviction). Les deux autres s'écrièrent, stupéfaits :

— *Aus Ueberzeugung? Sie sind wohl meschugge!* (Vous êtes certainement « marteau »!)

Dans les grands centres, comme Berlin, Francfort et Breslau, nombre de Juifs se déclarent officiellement « *confessionslos* » (sans confession). Ils évitent ainsi de payer l'impôt religieux qui assure les émoluments des rabbins et l'entretien des synanogues [2]. Ces dissidents augmentaient de jour en jour

---

[1] En Allemagne, toutes les pièces d'identité, toutes les déclarations officielles doivent mentionner la confession.

[2] Protestants, catholiques et juifs payent une taxe destinée à couvrir les frais de leur culte dans la ville où ils sont domiciliés.

(DESSIN DE OLAF GULBRANSON.)

Le vieux bon Dieu allemand se voit refuser l'entrée de ses églises
par un fonctionnaire prussien.

avant la guerre. J'ai vu, moi-même, circuler à Berlin des listes
qu'on appelait *Austrittsliste*, sorte de démissions confession-
nelles. Les libres-penseurs, qui se sont puissamment organisés,
travaillent avec ardeur à cette propagande antireligieuse. En
avril 1914, une de ces listes obtint plus de 7000 adhésions de
toutes les confessions dans le courant d'une seule semaine.

Un humoriste juif, le docteur Arthur Pserhofer, déclarait
publiquement, à la grande joie des Berlinois :

— *Ich bin, wie die meisten Juden, rituel-confessionslos, das
heisst, ich schenke nichts zu Weihnachten.* (Je suis, comme la
plupart des juifs, *rituellement* sans confession : cela veut dire
que je ne fais pas de cadeaux à la Noël.)

Le type sémite, en Allemagne, se reconnaît de prime abord.
Il est trop différent du type autochtone pour se confondre
avec la race germanique. Bruns ou blonds, châtains ou roux,
les Juifs se ressemblent tous par la vivacité des gestes, les
marques saillantes de la physionomie et surtout par l'élocution.

En effet, ils ne parlent pas l'allemand de façon pure.
Même quand leur naissance leur a donné l'habitude d'un
dialecte (saxon, bavarois, wurtembergeois, *ostpreussisch*, etc.),
on retrouve, dans leur langage, un exotisme qui leur est
propre.

L'israélite allemand chante en parlant ; il prononce les *s*
d'une manière zézayante et déforme la sonorité des voyelles.
Il existe un verbe intraduisible pour marquer cette particularité : *mauscheln*. Le juif *mauschelt*, quand il parle allemand.
Il le sait fort bien lui-même, du reste, et il s'en moque avec
esprit. Un avocat célèbre de Berlin se trouvait, un soir, en
compagnie d'une cantatrice. Comme la conversation roulait
sur la musique, une personne lui demanda :

— *Sie singen wohl, Herr Doctor ?* (Vous chantez certainement, monsieur le Docteur ?)

— *Nur wenn ich spreche !* (Seulement quand je parle.) — répondit-il en souriant.

Un autre trait caractéristique donne à leur langage une saveur toute particulière. Ils émaillent la langue allemande d'expressions baroques, espèce de jargon germano-hébraïque que, seule, une longue habitude a pu me rendre familier.

Ils disent *meschugge* pour *verrückt* (fou). Une jeune fille *(junges Mädchen)* se nomme *Schickse;* une femme mariée, *Kalle.* Si quelque chose ne leur plaît pas, ou s'ils veulent marquer leur dédain, ils prononcent : *nebbisch. Ponem* désigne la partie la plus charnue d'un individu. Une fripouille s'appelle *Ganef* et quand un des leurs fait faillite, ils s'écrient ; *Er ist kaporès* (il est fichu). La famille, dans son ensemble, devient ironiquement la *Mischpoche* (smala)... Beaucoup de ces expressions ont acquis droit de cité dans la langue courante. C'est ainsi qu'en berlinois on appelle un restaurant de bas étage, un bouge, *Kaschemme*[1].

La plupart de ces mots sont tirés du *jeddisch.* Ce dialecte, couramment parlé en Galicie, est un mélange corrompu d'allemand et d'hébreu [2].

Ces particularités d'élocution et de prononciation donnent aux milieux juifs d'Allemagne un caractère très vivant et très amusant dont ils ont su tirer parti [3]. Spirituels et frondeurs,

---

[1] Chose curieuse, l'argot des escarpes, la langue verte allemande, regorge d'expressions juives. L'écrivain naturaliste berlinois Hans Hyan a publié une intéressante étude à ce sujet.

[2] Il existe toute une littérature *jeddisch.* Ses représentants les plus importants se trouvent aux Etats-Unis, où l'énorme colonie germano-américaine est surtout composée de Juifs. Ils viennent, entre autres, de faire une « Journée juive » en Amérique, pour venir au secours de leurs coreligionnaires d'Europe, victimes de la guerre et dont le nombre, d'après leurs estimations, s'élèverait à 9 millions. Ils ont, depuis longtemps, fondé des théâtres spéciaux et ont traduit en *jeddisch* les œuvres de Shakespeare, de Schiller et de Goethe, jusqu'aux opéras de Richard Wagner, chantés dans ce jargon.

[3] Dans les milieux très cultivés, cet exotisme et ces particularités s'effacent progressivement. On peut prévoir que dans un siècle ou deux ces vestiges auront disparu, mais ils subsistent encore aujourd'hui, à quelque degré que ce soit, dans les familles israélites, malgré les efforts que font certaines d'entre elles pour s'en débarrasser.

ils aiment à retrouver sur la scène tous leurs travers. Deux théâtres juifs de comédie se sont fondés à Berlin : les *Folies-Caprices* — on aime les noms français là-bas — et le *Gebrüder Herrnfeldtheater*, théâtre appartenant aux deux frères Herrnfeld, acteurs fort goûtés. Ils ne désemplissent pas. Le *Kommerzienrat* (conseiller du commerce) épais et trivial, la vieille *Kommerzienrätin* à l'élégance criarde et surannée, l'officier pacifique du train (le seul corps d'officiers où les Juifs sont admis), le commerçant processif, le banquier gourmand et sensuel fournissent les personnages principaux des farces qu'on y représente. Le dialogue de ces pièces est primesautier, il fourmille de bons mots. Les situations, parfois fort piquantes, sont d'un comique irrésistible. L'une de ces pièces, la *Klabriaspartie* [1], dont les qualités d'observation et d'humour rappellent notre Courteline, eut un énorme retentissement et atteignit, en l'espace de cinq ans, le chiffre respectable de cinq mille représentations. Il faut ajouter que plusieurs troupes de ce genre parcourent simultanément les grandes villes d'Allemagne et d'Autriche.

En dépit du jargon quasi allemand employé par les auteurs, on s'aperçoit vite que la tournure d'esprit de ces œuvres n'a rien de germanique. Le public saisit rapidement toutes les allusions. Avec lui, point n'est besoin de souligner les plaisanteries et les calembours, comme le font les journaux satiriques allemands afin de retenir l'attention du lecteur [2].

L'ironie mordante est la qualité dominante de l'esprit sémite allemand. Le Juif ne craint pas de rire à ses propres dépens, pour se donner le droit de rire aussi des autres.

Les petits music-halls d'Allemagne, qu'on appelle là-bas *Tingel-Tangel* (onomatopée suggestive des orchestres de boui-

---

[1] Le *Klabrias* est un jeu de cartes que jouent exclusivement les Juifs.

[2] Dans les périodiques humoristiques on trouve, en effet, tous les mots d'esprit imprimés en caractères *gesperrt* (espacés), ce qui répond à nos italiques. C'est une façon de prévenir le lecteur allemand : Attention, il va falloir rire !

bouis qui répondrait assez à notre mot: beuglant), possèdent tous un *Humorist*, chansonnier populaire presque toujours juif, qui flagelle, dans les limites permises par la loi, les ridicules de la vie politique et sociale. Quand ces chanteurs très appréciés sont rappelés par le public, après leur tour de chant, ils se présentent devant le rideau, le chapeau claque sous le bras, et commencent à débiter une kyrielle d'anecdotes qui commencent toujours par les mots fatidiques : *Zwei Juden...* (deux Juifs...) Ces bouts de dialogues, aux réparties amusantes, sont furieusement applaudis et colportés partout.

Les Israélites d'Allemagne sont très tolérants. Ils ont si longtemps souffert qu'ils ont appris à apprécier les bienfaits de l'indépendance. Ils n'ont pas de rancune et marquent une grande prédilection pour l'aryen. Chaque famille s'efforce de s'attacher un chrétien qu'elle entoure de prévenance et d'affection. Elle l'appelle son *goy* (chrétien). On voit souvent des individus sans scrupule abuser de ce penchant et spéculer éhontément sur le dévouement de leurs amis sémites.

Quand je vivais à Munich, j'entrai en relations avec une famille israélite. Elle se composait de trois frères célibataires qui s'appelaient Deutsch. Trois plaques de marbre superposées ornaient l'entrée de l'immeuble où ils habitaient avec leur vieille mère. Ils s'étaient numérotés, pour éviter la confusion de prénoms toujours possible, Deutsch I était médecin, Deutsch II, avocat et Deutsch III, dentiste.

Comme j'étais fort jeune et que la lutte pour la vie m'était encore pénible, ils me proposèrent un troc avantageux pour toutes les parties contractantes. Je devais leur donner des leçons de français ; par contre Deutsch I, prendrait soin de ma santé, Deutsch II défendrait mes intérêts et Deutsch III me plomberait les dents.

C'était la première fois que je fréquentais de façon assidue une famille juive aux allures *alttestamentarisch* (vieux-testament). Leur langage et leurs coutumes étaient pour moi un sujet constant d'étonnement; ils s'en amusaient fort. Ils me firent manger du *matzes* (pain azyme), des saucisses de bœuf et des poitrines d'oies fumées. Je devins ainsi leur commensal assidu. Ils me présentèrent à leurs parents et amis et mirent une sorte de fierté à se montrer en public avec moi. Je leur ai toujours gardé une grande reconnaissance de leur amitié, car c'est moi qui fis le marché le plus avantageux et les services qu'ils me rendirent valaient beaucoup mieux que les leçons de prononciation française (inutiles d'ailleurs) que je leur donnai.

Quand j'arrivais dans le cabinet de Deutsch I, Deutsch II et Deutsch III accouraient bientôt faire la causette et chacun s'ingéniait à m'offrir des cigarettes grosses comme des cigares ou des cigares gros comme des carottes. Si j'arborais un nouveau chapeau, un complet neuf, ils en palpaient le feutre ou l'étoffe avec intérêt et compétence, chacun à son tour, puis Deutsch III me demandait:

— *Was haben Sie bezahlt?* (Combien avez-vous payé?)

Je disais le prix; aussitôt Deutsch I ou Deutsch II constataient:

— *Sie sind reingelegt worden.* (Vous avez été fichu dedans.) — ce qui m'emplissait, à la fois, de regret et d'admiration.

Ils aimaient, du reste, les discussions interminables sur la valeur de leurs achats. Une fois, Deutsch II rapporta un feutre tyrolien, orné d'un blaireau, qu'on appelle là-bas « barbe de chamois » (*Gamsbart*, en bavarois).

Deutsch I, légèrement envieux de cette magnifique acquisition, ouvrit les hostilités :

— Combien as-tu payé ?

— Sept marks.

— Avec une vraie barbe de chamois ?

— Avec une vraie barbe de chamois.

— Ce n'est pas une vraie barbe de chamois.

— C'est une vraie barbe de chamois.

— Pour sept marks on n'a pas une vraie barbe de chamois.

— Pour sept marks j'ai une vraie barbe de chamois.

Comme ils s'arrachaient réciproquement le chapeau des mains, en discutant, je vis poindre l'instant où la fameuse barbe de chamois allait être réduite à l'état de mythe.

Aucun souci ne les attristait longtemps. Leur vitalité les ramenait vite à l'optimisme. Deutsch II perdit, un jour, un procès qui lui tenait à cœur. Sur le moment, il en fut affecté et me confia la chose en soupirant.

— *Ich hab' meinen Process verloren !* (J'ai perdu mon procès).

Mais il se consola aussitôt en pensant au caractère vindicatif de son adversaire et il ajouta :

Gut ! Wenn ich gewonnen hätte, er hätt'mich niedergeschossen !

(Tant mieux ! Si j'avais gagné, il m'aurait descendu à coups de revolver !)

La vivacité de leur tempérament, leur exhubérance contrastaient de façon étrange avec la placidité proverbiale des Bavarois. Ils agitaient plus d'idées en cinq minutes que deux petits bourgeois munichois en une journée.

Je n'oublierai jamais certaine matinée où ils vinrent boire avec moi de la bière, à la *Hofbräu*. Tandis qu'ils n'arrêtaient pas de narrer des histoires, à la table voisine deux hommes du peuple vidaient leurs cruches, sans échanger une parole. Ils ne se connaissaient pas. Le silence commença à leur peser ou la loquacité de mes compagnons finit par les gagner. L'un deux se décida à desserrer les lèvres. Je transcris fidèlement leur dialogue :

— *Heh!*

— ....

— *Heh !*

— *Was ?* (Quoi ?)

— *Sie !* (Vous !)

— *Wer ?* (Qui ?)

— *Sie.* (Vous.)

— *I' ?* (Moi ?)

— *Jo.* (Oui.)

— *Was ?* (Quoi ?)

— *Waren Sie beim Militär ?* (Avez-vous été soldat ?)

— ......

— *Waren Sie beim Militär ?*

— *Wer ?*

— *Sie.*

— *I' ?*

— *Jo.*

— *Nee.* (Non.)

Cette conversation les conduisit jusqu'au quatrième *Maass.*

* * *

Il est indéniable que l'Empire d'Allemagne avait pris, dans les dernières années, un essor formidable ; il déployait dans tous les domaines une inlassable activité. Les Juifs allemands ne furent pas étrangers à cette ascension rapide. On retrouve chez eux, en effet, les deux caractères dominants de la culture allemande, l'amour irraisonné de la nouveauté (snobisme) et une prédilection marquée pour tout ce qui est « kolossal ». Ce sont d'ailleurs les caractéristiques des sociétés parvenues, de fraîche date, avides de jouissance et de domination, à qui une lente évolution n'a pas inculqué le sens de la mesure.

A Vienne, une société d'artistes allemands, composée des peintres, des architectes, des illustrateurs et des sculpteurs les plus modernes, tels Klimt, Kolo Moser, Hoffmann, Wagner,

Löffler, Zeschka, ete., essaya, vers 1902, de créer un mouvement décoratif, en partant du principe que chaque objet, si
familier et si courant d'usage soit-il, doit être individuellement créé par une collaboration étroite entre l'artiste qui le
conçoit et l'artisan qui le façonne. Donc, plus de produits
manufacturés. Ce fut un Juif, le multimillionnaire Wærendorfer,
qui dépensa toute sa fortune à réaliser ce programme coûteux
et peu pratique. Il fonda les *Wiener Werkstätte* (ateliers viennois) dont le magasin, sur le *Graben*, provoqua au début des
rassemblements et des manifestations, en raison de l'étrangeté
des articles qui y étaient exposés. Les étoffes les plus outrancières, les bijoux les plus abracadabrants, les bibelots les plus
grotesques trouvèrent immédiatement des acheteurs dans les
milieux juifs cultivés. Le mouvement gagna du terrain et des
sociétés similaires s'établirent à Munich, à Dresde et à Berlin.

En 1901, le baron de Wolzogen, auteur du fameux roman
Das dritte Geschlecht (le troisième sexe), après avoir étudié
notre cabaret montmartrois, résolut de doter l'Allemagne intellectuelle d'un théâtre artistico-littéraire, dans le genre du Chat-
Noir, pour lutter contre l'abêtissement du music-hall. Il s'empressa, bien entendu, de donner à son imitation le *Made in
Germany* en l'affublant d'oripeaux *biedermeier* (époque qui
correspond à notre époque Louis-Philippe) et en l'intitulant,
par allusion à l'*Uebermensch* de Nietzsche, *Ueberbrettl*, ce qui
veut dire « Surscène ».

Cette entreprise eut un tel retentissement à Berlin que les
billets des vingts premières représentations devinrent l'objet
d'un agio effréné ; ils atteignirent jusqu'au prix de 250 marks.
Tout le Berlin W, c'est-à-dire tous les riches Juifs de la métropole, s'enthousiasmèrent pour ce nouveau genre. La mode
elle-même en fut affectée. L'influence de Wolzogen rayonna
sur toute l'Allemagne. Des tournées triomphales s'organisèrent,
qui pénétrèrent jusqu'en Roumanie et en Bulgarie. Un nou-

veau théâtre fut édifié à Berlin avec des capitaux juifs. Il était dirigé financièrement par un Israélite. Les artistes de ce cabaret monstre devinrent la coqueluche des salons. Ils touchaient des émoluments qui allaient jusqu'à 5000 marks par mois, soit près de cinquante mille marks par an, si on fait abstraction des deux ou trois mois de relâche. Les chansons et les duos du répertoire, reproduits par le phonographe et édités à des millions d'exemplaires, enrichirent leurs compositeurs. Oscar Strauss (le futur compositeur de *Rêve de Valse*) conquit d'un seul coup la notoriété et la fortune avec un simple couplet : *die Musik kommt* (la musique militaire arrive), tiré d'un volume de poésies de Detlev von Liliencron.

L'engouement dura trois ans, puis les imitations surgirent de tous côtés. Chaque restaurateur juif, propriétaire d'une salle inoccupée ou de revenus insuffisants, s'empressa d'écouler son champagne en y installant un cabaret auquel il donnait un nom bien exotique ; Bonbonnière, Bijou, Chat-Noir, etc. Inutile d'ajouter que, par contre, notre vocable français « cabaret » fut germanisé et devint *Kabarett*.

L'histoire de Max Reinhardt illustre, de façon frappante, cette ardeur des milieux juifs à rechercher partout la nouveauté.

Max Reinhardt faisait partie d'une entreprise semblable à celle de Wolzogen. Elle s'appelait *Schall und Rauch* (son et fumée). Cette association se composait d'acteurs, au contraire de *l'Ueberbrettl* qui comprenait surtout des dilettantes. Quand *l'Ueberbrettl* eut passé de mode, Reinhardt, qui possédait des qualités indéniables de régisseur et de metteur en scène, se remit au théâtre et joua avec sa troupe le *Nachtasyl* (Les Bas-fonds) de Maxime Gorki. Cette pièce lui valut un succès éclatant. Elle atteignit trois cents représentations et le rendit célèbre dans toute l'Allemagne. Il trouva tout de suite des coreligionnaires à Berlin pour lui fournir des capitaux. Il excellait à s'entourer de collaborateurs intelligents. Son frère Edmund Reinhardt se chargea des questions administratives et financières. Le Dr Félix Hollander devint son conseiller littéraire. Le peintre Ernst Stern, élève de l'école des Beaux-Arts de Munich, s'occupa de la partie décorative. C'est avec eux qu'il fonda ses deux théâtres actuels : le *Deutsches Theater* et les *Kammerspiele* (Théâtre intime). Les deux scènes furent dotées des derniers perfectionnements techniques. Des ateliers de couture et de décoration furent installés dans les immeubles attenant aux théâtres. Chaque costume, chaque meuble, chaque décor était conçu et exécuté chez Reinhardt. Cinq années durant il mangea de l'argent, mais son consortium le soutint et sa persévérance finit par triompher.

C'est alors qu'il résolut de transporter le théâtre au cirque, pour augmenter les possibilités de mise en scène et remuer des masses plus grandes avec le maximum d'intensité. L'écrivain autrichien von Hoffmansthal lui donna une adaptation de *l'Œdipe* de Sophocle. Cette reconstitution du théâtre antique, adapté aux progrès de l'éclairage et de la machinerie moderne, passionna Berlin. Le cirque Schumann où les représentations eurent lieu, contenait 4000 places. *Œdipe* atteignit 20 représentations devant des salles combles, avec une recette moyenne de 30 000 marks par soirée. Vollmöller, un autre littérateur, transcrivit pour le cirque un vieux mystère, *Das Spiel von Jedermann* (Le jeu de M. Chacun) qui eut la même vogue. Au moment où la guerre éclata, Reinhardt avait définitivement affermé le cirque Schumann et s'apprêtait à l'adapter à sa nouvelle destination : *das Theater der Fünf Tausend* (le théâtre des cinq mille). Entre temps, il avait été à Londres et à Pétrograd pour y jouer le *Miracle (das Mirakel)* de Vollmöller, sorte de légende moyenageuse où trois mille acteurs et figurants évoluaient dans l'arène, et au cours de laquelle une cathédrale entière devenait la proie des flammes, en s'écroulant sur les fidèles [1].

Max Reinhardt eut une grande influence sur la littérature dramatique de son pays [2]. C'est lui qui fit connaître en Allemagne les œuvres de Strindberg, de Tolstoï et de Gorki. Il rénova complètement les drames et les comédies de Shakespeare par une régie d'une originalité incontestable. Sa scène tournante lui permit de véritables prodiges. Il créa des fresques scéniques, où l'exactitude des costumes et le choix des couleurs formaient un ensemble d'une harmonie remarquable. La plupart des auteurs modernes lui doivent leur succès : Hoffmansthal, Leo Greiner, Frank Wedekind, Vollmöller, Fritz von Unruh, et surtout Carl Sternheim. Mais l'influence qu'il exerça ne fut possible que grâce à l'appui de son public, composé surtout de Sémites. Quand on pénétrait dans les coulisses et dans les bureaux de ses théâtres, on pouvait y compter les aryens sur les doigts.

Inépuisables sont les exemples de l'engouement des Juifs pour les nouvelles formules. Ce sont eux qui ont soutenu les premiers peintres «sécessionistes». Ils ont également accueilli nos impressionnistes, nos pointillistes. Les meilleurs van Gogh, les plus beaux Gauguin ornent les galeries de mécènes israélites. Un critique d'art juif, Fritz Stahl du *Berliner Tagblatt*, les leur avait recommandées [3]. Les cubistes et les futuristes ont trouvé chez eux des admirateurs empressés. Kahnweiler, à Paris, col-

---

[1] Un avant-goût de Reims, sans doute.

[2] Max Reinhardt avait été lui-même acteur, sans grande envergure du reste. Il n'a aucune culture personnelle, aucune instruction. C'est un autodidacte dont le plus grand talent consiste à s'assimiler rapidement les qualités essentielles de ses collaborateurs.

[3] C'est Fritz Stahl qui a organisé la belle galerie de tableaux du richissime *Geheimrath* Rudolf Mosse, l'éditeur du *Berliner Tagblatt*. Ce sont également deux Juifs, les éditeurs Bruno et Paul Canierer, qui ont fait connaître Manet, von Gogh, Sisley, Cézanne, à Berlin.

lectionnait leurs élucubrations pour ses coreligionnaires d'Allemagne[1].

Même désir d'outrance moderniste dans le domaine de la médecine. La culture physique, le massage, les théories de Kneipp, la thérapeutique solaire deviennent vite les dadas favoris des classes israélites. Les médecins juifs en profitent pour bâtir d'immenses *sanatoria* ou *Naturmittelheilanstalten*[2] dans le Harz, dans le Taunus, dans la Forêt-Noire. On y soigne la neurasthénie, les maladies de la nutrition et de la circulation par l'eau, par le soleil, par la gymnastique, par le régime végétarien. Le plus célèbre de ces établissements est le *Weisser Hirsch* (le Cerf blanc) du Dr Lahmann, aux environs de Dresde.

Les clients riches, dont l'estomac est gâté par les excès de table ou dont le système nerveux est démoli par le surmenage intellectuel, viennent y mener, à l'époque des vacances, une vie frugale et soigneusement réglementée. Levés à six heures du matin, ils se rendent aux bains d'air, où, dans le costume d'Adam ou d'Eve, ils se livrent en commun à des exercices d'assouplissement et à des promenades à travers bois et prés. Ils rentrent pour le petit déjeuner. Le beurre en boulettes est strictement compté, car le premier principe du régime est d'avoir toujours faim. Après ce premier repas ce sont les bains tièdes avec massage sous l'eau, bains d'acide carbonique, bains d'aiguilles de sapin, bains fluorescents ; j'en passe. Ensuite, partie de tennis ou de golf. L'après-midi, si le temps le permet, bain de soleil, partiel ou total, exposition plus ou moins prolongée à la lumière violette, bleue ou verte. Comme la fatigue physique et les travaux corporels sont excellents pour des

---

[1] Il est intéressant de noter ici que Ferrucio Busoni, le musicien, acheta à Berlin le premier tableau futuriste. Ce fut Hensarth Valden, israélite, fondateur du journal *Sturno*, qui organisa à Berlin des expositions cubistes et futuristes.

[2] Etablissements de moyens curatifs naturels.

individus habitués à se faire servir, on les oblige à biner, remuer et sarcler la terre du jardin potager, planter les légumes, cueillir les fruits, scier le bois, monter le charbon, équarrir et clouer des planches ; ce qui évite aux propriétaires les frais de main-d'œuvre. Pour avoir ainsi droit au soleil, à l'eau qui ne coûtent rien et pour absorber trois repas hypothétiques, les pensionnaires payent la somme de 20 à 25 marks par jour. Aussi ces sanatoria deviennent-ils rapidement de vrais *palace* et leur domaine terrien s'arrondit-il d'année en année.

Elisabeth Duncan fonde une école de danse et de maintien à Darmstadt, Jaques-Dalcroze ouvre un institut rythmique à Hellerau, près de Dresde ; aussitôt les mères juives de la bonne société envoient leurs filles étudier les nouvelles méthodes. *Il faut bien marcher avec son temps.*

Ce penchant inné pousse naturellement le Juif allemand à la « gasconnade ». Il aime l'exagération. Toutefois, la subtilité naturelle de son esprit et sa verve caustique l'empêchent de devenir la propre dupe de son imagination. Un moment arrive toujours où il se moque spirituellement de lui-même.

Voici une anecdote typique, qu'il faut entendre dans le dialecte original pour en goûter toute la saveur. Je vais essayer de la rendre le plus fidèlement possible.

Zadoc, Isaac et Aaron parlent « miracles », ce soir.

Isaac demande à Zadoc :

— As-tu vu des miracles ?

— Non, je n'ai pas vu de miracles, *de mes yeux vu*, mais j'ai un oncle qui connaissait un rabbin qui a fait un miracle. En rentrant dîner, il rencontra deux amis qu'il invita. Sa femme lui reprocha vivement d'avoir amené des hôtes quand elle n'avait à la maison que deux poissons fumés pour le repas du soir. « Ne t'inquiète de rien et va nous chercher les poissons », lui dit le rabbin. Ils s'attablèrent tous les quatre et mangèrent les deux poissons. Sur le plat apparurent alors.

deux autres poissons. Ils les mangèrent. Il y eut de nouveau deux poissons ; ils les mangèrent...

— Assez avec tes poissons ! — s'écrie Isaac impatienté ; et il ajoute :

— Moi aussi j'ai connu un oncle qui a vu un miracle. Il jouait aux cartes avec un de ses amis. L'atout était cœur. Il jette le neuf de cœur, son partenaire le prend avec le roi de cœur, il rejoue le valet de cœur, son partenaire le prend avec le roi de cœur ; il rejoue la dame de cœur, son partenaire...

— Assez avec tes rois de cœur ! — s'exclame Zadoc en colère.

Isaac propose avec douceur :

— Supprime quelques poissons et je supprimerai quelques rois de cœur.

Aaron, qui n'avait pas encore pipé, ouvre la bouche :

— Moi, j'ai rencontré avant-hier un rabbin très pieux qui demandait à un infirme : « Crois-tu en Jéhovah ? » — « Oui », répondit l'infirme. — « Eh bien, si tu crois en Jéhovah, jette tes béquilles. » L'homme jeta ses béquilles...

— Et il se mit à courir ? — interrompt vivement Zadoc.

— Non. Il s'est étalé par terre.

— Ce n'est pas un miracle ! — remarque Isaac désappointé.

— Ai-je dit que c'était un miracle ? — réplique Aaron — Mais cela je l'ai vu, *de mes yeux vu.*

* * *

C'est à Berlin, la ville neuve par excellence, que les Juifs de l'empire ont pu donner à leurs entreprises une ampleur de proportions vraiment « américaine ».

Il existe, *Leipzigerstrasse,* au cœur de la cité, un restaurant célèbre qu'on appelle le *restaurant Kempinski,* du nom de son propriétaire. Réparti sur trois étages, complètement bâti en marbre, doté de plusieurs ascenseurs, de trois sorties monumentales, d'un bureau de postes et télégraphes, d'une vingtaine de cabines téléphoniques, d'un salon de coiffure, pédicure et manucure, d'un magasin de fleurs, d'une salle de lecture et de correspondance, cet établissement, où l'on peut manger à toute heure de la journée, contient au moment des repas près de deux mille clients. La carte, imprimée deux fois par jour, donne une nomenclature des mets les plus exotiques et les plus rares, à la portée des bourses moyennes. Le service est luxueux. La cave est si abondante que la carte des vins a l'épaisseur d'un petit volume. Le propriétaire possède des pêcheries et des huîtreries sur la mer du Nord. Il a ses vignobles en Allemagne, en France et en Autriche. Une fabrique de champagne lui appartient. Les grandes maisons d'alimentation d'Allemagne et de l'étranger ont passé avec lui des contrats spéciaux. C'est ainsi que le caviar de Russie et la crème d'Isigny de France lui sont livrés chaque jour, dans de petits récipients spéciaux, en nombre si considérable qu'il peut les écouler à des prix défiant toute concurrence.

Toutes les classes fréquentent ce restaurant ; les prix de la portion y oscillent entre trente-cinq pfennigs et un mark cinquante pfennigs.

Un autre palais de ce genre, encore plus énorme, le *Rheingold*, s'élève entre le *Leipzigerplatz* et le *Tiergarten*. Il possède, entre autres, trois salles de fête, pour dîner avec concert à grand orchestre, d'une contenance de mille cinq cents personnes. On y voit du jaspe, du porphyre, du marbre, du bronze doré, des statues, des bas-reliefs, des fontaines et des jets d'eau, des revêtements de bois précieux, le tout avec une profusion lourde et de mauvais goût. Les Juifs allemands aiment à s'éclabousser de luxe aux conditions les plus avantageuses.

Mais le triomphe du « kolossal », le temple du formidable, c'est *Wertheim*.

Il y a quelque cinquante ans, le père Wertheim et ses cinq fils tenaient dans la *Leipzigerstrasse* une petite boutique de mercerie et de bonneterie. Aujourd'hui, le père est mort et ses fils sont à la tête d'un grand magasin auprès duquel nos établissements similaires de Paris ne sont que des pygmées. L'énorme pâté de maisons qui s'étend entre le *Leipzigerplatz* et la *Wilhelmstrasse*, le long de la *Leipzigerstrasse*, l'artère la plus commerçante de Berlin, a été peu à peu absorbé par ce bazar et complètement rebâti. Le style de l'édifice n'est pas désagréable. Les lignes sévères de la façade ont de l'allure. C'est bien là le palais moderne du négoce, pratique, puissant, géométrique [1].

Tout ce qu'embrasse le commerce du monde entier y est accumulé. On y vend des automobiles, des pianos, des installations sanitaires complètes. Une section spéciale y monopolise la vente des billets de théâtres et de concerts. Les plaisirs de Berlin s'y débitent au même titre que la soie et la flanelle. Des téléphones spéciaux relient ces bureaux aux théâtres, établissements, music-halls, et salles de Berlin. Un hall rempli d'affiches, de lithographies, de photographies, permet aux visiteurs de décider de l'emploi de leur soirée et de retenir leurs places à l'avance.

Une vaste serre, où serpente une rivière artificielle, abrite les fleurs les plus rares et toutes les plantes imaginables. Un atelier de photographie est luxueusement installé sous les combles. On trouve dans ce capharnaum des restaurants, des salles de thé, des bars, jusqu'à un véritable musée ethnographique, composé de pavillons bâtis dans le style des pays exotiques auxquels ils sont consacrés et renfermant les produits spéciaux : les broderies, les costumes, l'art décoratif populaire de telle ou telle contrée.

[1] C'est l'architecte A. Messel qui a édifié ce palais à la décoration duquel ont travaillé des artistes notoires, tels les sculpteurs Westphal, Ignatius Taschner, Gaul, etc.

Wertheim possède sa maison d'édition, le *Globusverlag*, qui se spécialise surtout dans l'édition à bon marché. Une armée d'écrivains travaille pour lui. Ses livres d'étrennes, ses manuels de sport, de pêche, d'horticulture, de cuisine, ses albums de musique, ses romans populaires se vendent à des milliers d'exemplaires au rayon de la librairie. Il en arrive à influencer le marché du livre et les grands commissionnaires de Leipzig traitent avec lui sur tarifs spéciaux pour s'assurer un débouché important. L'entreprise est vraiment tentaculaire.

Quelques années avant la guerre, un des frères Wertheim, Wolf Wertheim, marié à une aventurière fort répandue dans les milieux bohèmes, se sépara de ses frères et retira de la maison sa part d'héritage qui se montait à douze millions. Il essaya de concurrencer l'établissement et fonda deux autres magasins à Berlin. Il mangea sa fortune en deux ans et fit faillite. Ses quatre frères lui vinrent en aide et lui assurèrent une rente annuelle de cent cinquante mille marks, à condition qu'il s'engageât formellement à ne jamais plus s'occuper d'affaires.

Les Wertheim ne reculent devant aucun sacrifice pour assurer la réalisation de leurs projets. Quand la municipalité de Berlin prolongea la ligne du métropolitain *(Untergrundbahn)*, qui s'arrêtait au *Potsdamerplatz*, le nouveau tracé devait passer sous les magasins de Wertheim. Les propriétaires proposèrent à la ville d'établir à leurs frais ce tronçon de ligne, ainsi que la station qui débouchait devant leurs portes, à la condition de pouvoir construire un escalier de dégagement qui aboutirait directement dans leur établissement et de donner à cette station le nom de *Wertheim*. La ville, après de longues discussions, refusa dans la crainte de créer un précédent fâcheux.

En 1912, Wertheim, toujours avide de s'agrandir, se résolut à acquérir sur le *Leipzigerplatz* un vieux palais contigu, dans lequel étaient logés les services du ministère de la marine. Le gouvernement fit d'abord des difficultés parce qu'il ne possédait point d'immeuble où transporter le ministère. Le prix de l'expropriation n'aurait point suffi à édifier une construction neuve. Enfin les pourparlers aboutirent. Wertheim, tenant à entrer en possession de la maison voisine, acheta un terrain sur les bords du canal conduisant vers l'est de la ville, *Victoria Luisenufer*, dans le quartier le plus élégant. Il y éleva à ses frais un ministère modèle, merveille d'agencement et de sens pratique. Ce geste patriotique, perpétué par une plaque de marbre, lui coûta six millions. Par contre, il put étendre sa façade, au gré de ses désirs.

* * *

Cette course infatigable aux honneurs, au succès, à l'argent, à l'influence occulte, donne à cette race active un grand besoin de détente après le travail, une grande soif de distractions. Les villes les plus animées d'Allemagne sont celles où l'élément juif prédomine. Ce sont eux surtout qui remplissent les établissements de nuit, les petits théâtres, les cabarets et les bars. Sans eux, Berlin ne connaîtrait pas le brouhaha de sa vie nocturne ni le nombre exagéré de ses lieux de plaisir.

Foin des drames ennuyeux et des manifestations d'art trop absorbante, si toutefois la mode n'exige pas de s'y rendre ; ce qu'il faut à ces brasseurs d'affaires, ce sont des œuvres gaies, des spectacles hilarants. Quand on demande à un Juif ce qu'il pense de la dernière pièce, le meilleur compliment qu'il peut en faire est de vous répondre :

— *Nu, ma' lacht.* (Ma foi, on rit.)

C'est cet état d'esprit qui a provoqué la dernière éclosion d'opérettes, soi-disant viennoises, dont les mélodies fades ont parcouru le monde, grâce à l'opiniâtreté des impresarios. *Veuve joyeuse, Rêve de valse, Das Chokoladenmädchen,* et *tutti quanti,* ont été composées par des Juifs. Les auteurs des libretti s'appellent Grunbaum, Dörmann, Schanzer, Friedmann, Lothar, Bernau, etc. Les éditeurs, Slivinski, Bloch Erben, etc. Toutes ces inepties tinrent longtemps l'affiche.

Je me trouvais, un jour, chez *Wertheim,* au rayon des théâtres, dans le cabinet du directeur. La sonnerie du téléphone tinta ; le directeur décrocha le récepteur et j'entendis ce tronçon de conversation :

— . . . . . ?

— Sans doute, monsieur le Conseiller.

— . . . . . ?

— Pour ce soir ? Bon. Où voulez-vous aller ?

— . . . . .

— Je vous recommande le *Leibgardist* (Garde du Corps) de Molnàr, au *Kleines Theater.*

— . . . . .

— Oui, c'est très drôle.

— . . . . .

— Non, on ne s'y moque pas trop des Juifs.

— . . . . .

— Alors, allez entendre *Le fauteuil d'orchestre numéro cent soixante-quatorze,* au *Nollendorfplatztheater.*

— . . . . .

— Une farce, rien de plus. Je vous assure que ça n'a aucune prétention littéraire.

— . . . . .

— Bien. Je vais vous les envoyer par un chasseur.

Le récepteur fut raccroché et le directeur me dit :

— C'est le patron (un des frères Wertheim) qui désire aller au théâtre ce soir.

Beaucoup d'entre les Juifs allemands, pauvres encore il y a quelques années, devenus riches aujourd'hui, n'ont ni instruction, ni culture. Ils ne comprennent goutte aux tentatives artistiques et littéraires modernes. Quand ils sont forcés d'aller entendre une de ces manifestations étranges pour faire comme tout le monde, « pour voir et pour être vus », ils marquent leur mécontentement, dès qu'ils se croient entre eux.

J'étais assis, un soir, à côté d'un *Kommerzienrat* accompagné de sa fille, pendant une représentation de la *Salomé* d'Oscar Wilde. Mon voisin ne bronchait pas, mais je voyais à sa mine qu'il ne s'amusait guère. Pendant l'entr'acte, je les retrouvai au foyer en train de déguster des glaces. Le père se plaignait amèrement de sa soirée. La fille, un peu plus au courant des choses de théâtre, le réprimandait doucement :

— *Das verstehst du nicht, Papa. Es ist halt Secession* ! (Tu ne comprends pas cela, papa. C'est de la « Sécession »[1].)

— *Was heisst Secession* ? — répliqua aigrement le père. — *Fad' ist's* ! (Que me chantes-tu avec ta sécession ? C'est ennuyeux, voilà tout.)

Une autre fois, au cours d'une représentation d'*Hamlet*, chez Reinhardt, un vieux banquier se pencha vers moi et me dit avec mélancolie, après la scène du fossoyeur :

— *Das Leben ist nicht traurig genug, dass man noch fünfzehn Mark zahlen muss, um zu sehen, wie man auf der Bühne ein Grab schaufelt !* (La vie n'est pas encore assez triste qu'il faille payer quinze marks pour voir comment on creuse une tombe sur la scène !)

Les milieux agrariens et aristocratiques, les partis conservateurs et réactionnaires gardent une sourde rancune aux Juifs de la rapidité avec laquelle ils ont envahi en quarante-cinq ans les professions libérales et le haut commerce de l'empire. Le moindre scandale financier ou autre leur fournit des armes contre les Sémites, et leurs organes ne se font pas faute de crier

---

[1] Terme générique avec lequel les bourgeois allemands désignent tout ce qui est décadent, symboliste, hypermoderne.

à la *Verjüdung* (enjuivement) de la bourgeoisie allemande, ni de recommander, en haut lieu, des mesures coercitives contre les intrus [1]. L'empereur n'a jamais approuvé cette politique. Tout en respectant l'esprit de caste qu'une longue tradition prussienne maintient encore aujourd'hui dans toute sa rigueur, il s'est toujours montré très libéral envers les éléments juifs de l'empire, parmi lesquels il compte, du reste, des amis personnels. Dernburg, par exemple, est de race juive. Cela ne l'a pas empêché de devenir ministre d'Etat. Guillaume II tint même, il y a quelques années, à donner à la colonie sémite de Berlin une marque toute spéciale de sa faveur.

Quand on construisit la nouvelle synagogue, en face du *Theater des Westens*, à Charlottenbourg, — un des plus beaux quartiers de Berlin, — l'empereur offrit, pour orner l'intérieur du temple, tout un revêtement céramique, sorti des ateliers de *Cadinnen (Kadinnenwerke)*, dont il est propriétaire. Il assista personnellement à l'inauguration du monument.

Dans les derniers temps, Guillaume II alla même jusqu'à faciliter l'admission dans l'armée de certains fils de Juifs convertis [2].

Telle était la situation des Juifs dans l'empire au moment

[1] Dans un des derniers numéros des *Preussische Jahrbücher*, revue ultra-conservatrice, un article documenté envisage l'immigration possible en territoire allemand de la population juive de la Pologne conquise. Cette perspective effraye l'auteur qui préconise des lois d'exception pour préserver l'empire d'une invasion métèque. Il est certain que les tendances de cette revue sont antisémites. Toutefois on peut prétendre avec certitude que les Juifs d'Allemagne eux-mêmes ne verraient pas d'un bon œil cet afflux inattendu de coreligionnaires slaves. Ils ont lutté longtemps pour obtenir la place qu'ils occupent actuellement dans la Confédération. Ils se sont adaptés au milieu où ils évoluent, ils connaissent les ressources dont ils disposent et celles qu'ils peuvent encore acquérir. Tout appoint intempestif romprait l'équilibre à leur détriment. Il est curieux de constater d'ailleurs que pas un journal juif d'Allemagne n'a relevé cet article.

[2] Il n'existe pas de lois explicites qui interdisent aux Juifs les charges de l'armée, mais chaque nouvel officier doit recueillir, pour être admis dans ses nouvelles fonctions, l'adhésion *unanime* de ses futurs camarades et de ses chefs hiérarchiques. Or, il est d'usage constant de refuser cette adhésion aux Juifs, à moins d'intervention directe de l'empereur, chef suprême de l'armée.

où la guerre éclata. Ils avaient su tirer tout le parti possible de l'organisation de la Confédération pour consolider leur émancipation, pour augmenter leur bien-être et leurs sphères d'influence. Ils formaient, au milieu de l'Allemagne, un noyau solide et puissant, de tendances franchement libérales. Adversaires de la guerre et de la révolution aussi longtemps qu'elles peuvent être évitées, ils avaient mis progressivement la main sur les grands leviers de la vie publique, la presse, le théâtre, le commerce et la banque. Si jamais la défaite inévitable des Hohenzollern doit provoquer chez nos ennemis une grande convulsion politique, je suis sûr qu'ils y joueront leur rôle et prendront leur revanche, car ils ont trop d'intelligence pour ne s'être pas déjà rendu compte des mensonges dont ils furent les victimes et de l'abîme où la folie criminelle de la Prusse a précipité l'Allemagne. Ils ont pour eux l'opiniâtreté et l'argent, toute une hérédité qui m'est plus sympathique à moi, Latin, que l'atavisme germanique. J'ai vécu au milieu d'eux les meilleures heures de mon long séjour en Allemagne. Ils m'ont souvent amusé ; jamais ils ne m'ont répugné. En somme, n'ont-ils pas réussi à s'élever toujours plus haut, tandis que la clique qui les gouvernait tombait toujours plus bas ?

Je me rappelle un spectacle suggestif de la rue à Berlin.

Je demeurais à Charlottenburg, en face du *Tiergarten*, sur une place au nom plutôt comique, *am Knie* (littéralement « au genou », sans doute parce que l'avenue décrit un angle obtus à cet endroit). Chaque jour, en revenant du restaurant, où je prenais mes repas, pour rentrer chez moi, je suivais la *Hardenbergerstrasse*, large boulevard bordé d'arbres. Après le pont de la *Stadtbahn* (chemin de fer de ceinture), une station de voitures immobilisait le long du trottoir une file longue et mélancolique de fiacres vétustes aux chevaux amaigris. A Berlin ,les taxi-autos ont leurs stations spéciales ; ils ne se mélangent jamais aux vulgaires « sapins ». Ces derniers tendent de plus en plus à disparaître. Chaque fois qu'un vieux cocher meurt, la police ne renouvelle pas sa licence ; elle supprime le numéro de sa voiture, qui est rayée de la circulation. Personne ne se sert plus, en effet, de ces véhicules, mais on ne veut pas enlever d'un seul coup leur gagne-pain aux automédons blanchis sous le chapeau de cuir bouilli, incapables de s'initier aussi tardivement aux mystères du moteur d'automobile. En repassant quotidiennement devant cette station, je constatai que les numéros des voitures ne changeaient guère. Les malheureux cochers trouvaient si peu de clients qu'ils restaient là plusieurs jours de suite, drapés dans leurs manteaux sordides et taillant d'interminables bavettes. Je me demandais comment ils pouvaient joindre les deux bouts.

Juste en face de la station de voitures, se dressait un hôtel particulier, au fond d'un jardin aux plates-bandes râtissées avec soin. C'était la résidence d'un célèbre *Kommerzienrat* berlinois, plusieurs fois millionnaire. On apercevait, à travers les barreaux de la grille de bronze, les hautes fenêtres closes. Le propriétaire était toujours absent. En hiver, il allait à Saint-Moritz ou à Davos ; au printemps, il partait pour la Riviera ; en été, il se rendait à Heringsdorf, le bain de mer *select* des Juifs de Berlin, sur la mer Baltique ; en automne, il visitait les îles Borromées. La maison semblait inhabitée. La terre meuble n'était agrémentée d'aucun gazon, d'aucune fleur. A quoi bon, puisque les maîtres n'étaient jamais là. Mais un coq lustré, accompagné d'une dizaine de poules cochinchinoises, replètes à souhait, promenait gravement son harem à travers le jardin désert. J'admirais la santé robuste de cette basse-cour en liberté, le gésier proéminent des poules, leurs crêtes écarlates, leur plumage brillant. Qui donc pouvait les soigner de la sorte, les gaver avec tant de sollicitude ? Le sol nu du jardin contenait-il assez de vermisseaux pour accentuer ainsi leur embonpoint ? J'eus bientôt l'explication du mystère. Les cochers d'en face, avant de suspendre au cou de leurs chevaux efflanqués la musette à picotin, prélevaient quelques poignées de grain sur la ration de Rossinante et les lançaient à travers la grille aux gallinacés du *Kommerzienrat*. Les volatiles, à la longue, avaient pris l'habitude de cette dîme volontaire ; ils la considéraient, sans doute, comme une redevance naturelle ; ils l'acceptaient sans marquer d'émoi.

Eux, les pauvres cochers rapiécés et malpropres, oubliaient ainsi leur station prolongée, le dur souci de leur existence, leur horizon lamentable, leur vieillesse, leur faim peut-être. Ils nourrissaient les poules d'Israël...

CHAPITRE VII

MAITRES-CHANTEURS, ÉTUDIANTS, OFFICIERS

ET

AGENTS DE POLICE

> La distinction personnelle, c'est la vertu
> antique. Se soumettre, obéir publiquement
> ou en secret, c'est toute la vertu allemande.
>
> Fr. Nietzche

Hans Sachs, le maître-chanteur de Nuremberg, avait de l'humour. Sous ses allures bonhomme, il aiguisait volontiers le trait satirique. Quelques scènes de ses *Fastnachtspiele*, entre autres « Le paysan au purgatoire » (*Der Bauer im Fegefeuer*), ont une saveur rabelaisienne. Wagner lui même nous a représenté Hans Sachs sous l'apparence sympathique d'un esprit libéral et familier, ami des jeunes. Tandis que ses collègues, l'orfèvre Pogner, le pelletier Vogelgesang, le boulanger Kothner, l'épicier Eisslinger, infatués de leur science puérile, de leur dignité un tantinet ridicule, condamnent le chevalier Walther de Stolzing, incapable de chanter d'après les règles établies, Hans Sachs, le cordonnier, devine le talent du jeune aristocrate et devient son partisan. Il ne s'illusionne pas sur la valeur de ses concitoyens. Il met tout en œuvre pour ridiculiser l'un d'eux, Beckmesser, le greffier. Quand Walther de Stolzing lui demande:

> — *Wer war es, der die Regeln schuf ?*
> (Qui donc a créé les règles ?)

il répond avec franchise :

> *Das waren hochbedürft'ge Meister,*
> *Von Lebensmüh' bedrängte Geister...*
>
> (Ce furent de bien piètres maîtres,
> Des esprits que la vie avait trop fatigués...)

L'aveu n'est-il pas significatif ? On voit déjà s'agiter l'esprit révolutionnaire ; la lutte se prépare contre la routine, contre l'inanité des formules, contre l'étroitesse des lois qui prétendent régenter le génie. A bas les entraves, vive la liberté !... Non, non, il n'y a rien de tout cela. Hans Sachs est Allemand, il estime la discipline et la règle comme tous les Allemands et quand son protégé triomphe enfin, il le menace du doigt :

> *Verachte mir die Meister nicht !*
> (Surtout ne méprisez pas les Maîtres !)

Ultime admonestation d'un Maître-Chanteur !

Je connais Nuremberg. Les ruelles étroites aux pavés pointus dévalent entre des maisons sculptées aux façades en retrait. Des clochers sveltes et des tours trapues surplombent la mer grise des toits pointus et découpent leurs silhouettes bizarres sur l'écran du ciel. Il y a de vieilles fontaines à tous les carrefours. L'eau tombe en chantant dans des vasques de pierre, surmontées de statues de bronze aux gestes naïfs. Les heures s'égrènent, à toutes les églises, en mélodies chevrotantes. Dans l'ombre fraîche des petites places, les auberges vétustes allongent, au-dessus des promeneurs, leurs enseignes en fer forgé. Les ponts en dos d'âne chevauchent la rivière moirée, où les verdures pâles des jardins se prolongent en reflets transparents. Tout autour de la ville court le chapelet noir des antiques remparts, flanqués, çà et là, de grosses tours rondes, percés, par endroit, de portes ogivales et ceinturés d'un fossé profond.

Je connais Nuremberg, la ville des Maîtres-Chanteurs. Quand les hasards de ma vie vagabonde m'y ramenaient, j'éprouvais d'abord une satisfaction profonde. Les très vieilles choses parlent mieux à l'âme que les neuves ; elles savent nous envelopper et nous retenir. Je me mettais aussitôt à parcourir la cité pour renouer connaissance avec mes coins favoris.

Près de la *Lorenzkirche*, les naïades de bronze aux seins luisants me voyaient arriver sans se départir de leur indifférence rigide. Les jets d'eau, qui sortaient de leurs tétines, en courbe gracieuse, trouaient l'air à la même place. Ils retombaient dans la vasque de pierre avec la même monotonie fatale. Le joueur de cornemuse, derrière le vieux Münster, gonflait toujours ses joues à faire pitié, en équilibre sur son piédestal arrondi, et le pâtre de bronze serrait contre lui ses deux oies qui, le bec ouvert, crachaient dans leur bassin. La grande fontaine rouge, bleu et or du *Marktplatz* pointait son clocher gothique vers le ciel pommelé. Au-dessus du portail de la cathédrale, les douze princes-électeurs faisaient la même révérence compassée devant le trône où siégeait Charlemagne, pendant que le carillon léger égrénait les douze notes de midi. Il y avait des siècles qu'il en était ainsi. Pourquoi tout cela eût-il changé ? Parce qu'il m'avait plu, à moi, de disparaître et puis de revenir ? Il n'y a rien de plus immuable qu'une antique cité. Le contraste y est plus grand que partout ailleurs entre les fluctuations quotidiennes de la vie humaine et l'immobilité dédaigneuse et superbe du cadre où cette vie s'écoule...

Au bout de quelques jours, le poids de toutes ces vieilles pierres m'oppressait, l'air manquait à mes poumons le long de ces ruelles obscures, les pignons et les tours barraient désespérément mon horizon, les remparts escarpés resserraient sur moi leur étreinte, comme s'ils eussent voulu m'étrangler et mon admiration se muait en haine. Je détestais Nuremberg, sa physionomie refrognée, son atmosphère lourde, ses allures médiévales.

C'était bien la ville étroite et sombre où vécurent des

bourgeois obtus, entichés d'art, épiciers et savetiers vaniteux, esclaves de la règle, dont les âmes médiocres étaient obstinément closes à tout ce qui est libre et généreux.

Je revois encore la petite maison du grand Albrecht Dürer, derrière les remparts, ses escaliers raides, ses plafonds bas, ses vitraux de plomb ternis. Dans le mur de l'atelier, il y avait un trou rond fermé par un bouchon de bois. L'épouse de Dürer avait imaginé ce « jour de souffrance » ; d'humeur jalouse, elle surveillait le maître quand il travaillait avec un modèle. C'est à Nuremberg que je dois de connaître cette mesquinerie dans la vie d'un grand artiste.

* * *

Hans Sachs est mort ; les Maîtres-Chanteurs ont disparu. Tout au plus rencontre-t-on sur les bateaux qui sillonnent le Rhin quelque grotesque *Gesangverein* en excursion. Les membres de ces sociétés chorales s'emplissent la panse, pendant tout le voyage, avec de la viande, de la bière et du vin. Toutefois, quand ils passent devant le rocher de la *Loreley*, ils se lèvent, la bouche pleine, et entonnent avec componction les vers d'Heinrich Heine :

> *Ich weiss nicht was soll es bedeuten.*
> *Dass ich so traurig bin.....*
>
> (Je ne sais pas ce que cela veut dire,
> Ni pourquoi je suis si triste.....)

Les Allemands d'aujourd'hui, qui veulent chanter suivant les règles, franchissent les Alpes et vont apprendre en Italie l'art délicat de l'élocution musicale. Leur langage guttural et rauque s'adoucit un peu au contact latin ; les voyelles rébarbatives quittent leur larynx et viennent se poser sur leurs lèvres.

Quant aux anciens landgraves de Nuremberg, les Hohenzollern, dont la *Burg* démantelée surplombe la vieille ville, ils sont devenus les chefs tout puissants de l'Allemagne moderne.

S'ils ne chantent pas eux-mêmes, ils excellent à faire chanter les autres. C'est à ce titre subtil qu'ils continuent le rôle des anciens Maîtres-Chanteurs. L'évolution d'une race change souvent la signification précise d'un mot. Depuis que la guerre de 1870 et la traité de Francfort ont assuré aux Hohenzollern la prépondérance en Europe, ils ont organisé la force germanique pour s'en faire un instrument d'intimidation ; de façon ouverte ou déguisée, ils ont toujours eu la menace à la bouche. Quand ils tendaient pacifiquement une de leurs mains, de l'autre ils brandissaient une arme. Tous les Allemands le savent bien.

Vers 1905, j'organisai à Munich, avec des peintres et des littérateurs, un bal masqué dont le souvenir est resté célèbre. C'était à la fin du Carnaval. Nous avions loué les immenses salles d'une brasserie de *Schwabing*, l'un des quartiers élégants de la métropole bavaroise, non loin du *Siegesthor*. Pour éviter l'intrusion de la police ou de la censure dans nos affaires, nous avions conservé à cette fête un caractère strictement privé, en adressant des invitations personnelles et en ne délivrant des cartes d'entrée qu'à domicile. Plus de deux mille personnes répondirent à notre appel. Il est vrai que le titre de notre bal excitait la curiosité : *Durch's dunkelste Deutschland* (A travers l'Allemagne très obscure). Sous cette dénomination, Th.-Th. Heine, le caricaturiste du *Simplicissimus*, publiait régulièrement dans ce journal une suite de dessins satiriques, dirigés contre l'absolutisme, l'esprit réactionnaire et l'hypocrisie des classes dirigeantes.

Dès l'entrée, nos hôtes furent fixés sur nos intentions. Près d'une barrière massive aux couleurs allemandes, un poste de douaniers et de gardes-forestiers veillait à ne laisser pénétrer qu'une personne à la fois, après l'avoir interrogée, fouillée, mensurée, photographiée. La plus vaste salle de la brasserie reproduisait ingénieusement le décor d'une grande rue de Berlin, à l'architecture lourde et officielle. A chaque carrefour s'élevait un *Denkmal* (monument commémoratif) en marbre blanc, si cher à l'empereur. Une lumière verdâtre, quasi spectrale, noyait les gens et les choses. Un immense velum noir, piqué d'étoiles d'or et tendu au-dessus des maisons, simulait le ciel. Ça et là pendaient des chaînes, des baïonnettes, des canons, des têtes de Chinois, des glaives ensanglantés, des armes homicides. Un arc de triomphe conduisait d'une salle à l'autre ; il était figuré par un monstrueux *Schutzmann* (agent de police) en toile rembourrée, arcbouté, les mains aux genoux, sur ses jambes écartées. De ses grosses prunelles lumineuses il regardait la foule glisser au-dessous de lui. Du reste, il y avait partout des caricatures animées d'agents à cheval et à pied. Nous avions engagé deux cents élèves de l'Ecole royale des Beaux-Arts de Munich à cet effet ; ils exagéraient le service d'ordre sous des travestissements fantastiques. Ils bousculaient le public, écrasaient les pieds des promeneurs, leur parlaient d'un ton comminatoire, opéraient des arrestations arbitraires et personnifiaient à merveille la brutalité du régime prussien.

Les murailles et les plafonds étaient ornés de banderolles où s'alignaient toutes les phrases lapidaires prononcées officiellement par Guillaume II. Toutes, elles exprimaient la menace ambiguë, l'orgueil éhonté, le chantage cynique, qu'elles eussent été adressées aux nations étrangères, ou qu'elles fussent destinées au peuple allemand lui-même :

Pardon wird nicht gegeben ! (Pas de quartier !) *Blut ist dicker als Wasser.* (Le sang est plus épais que l'eau.) *Los gegen den inneren Feind !* (En avant, contre l'ennemi intérieur [1] !) *Unsere Zukunft liegt auf dem Wasser !* (Notre avenir est sur l'eau !) *Halten wir unsere Pulver trocken !* (Tenons notre poudre sèche !) *Sie müssen Front machen gegen die moderne Richtung !* (Vous devez faire front contre les tendances modernes !) *Die Leute rasseln zu viel mit meinem Säbel* [2]. (Ces gens font trop de bruit avec mon sabre), etc., etc.

---

[1] Contre les Sozialdemokrates, bien entendu.

[2] Paroles destinées jadis à ralentir l'ardeur intempestive des Autrichiens dans les Balkans.

Tels étaient les refrains favoris du nouveau Maître-Chanteur. Il était bien le digne descendant du vieux Fritz qui prétendait qu'on avait toujours raison de prendre quelque chose, quand on n'était pas ensuite obligé de le rendre.

Sur tous les murs s'étalaient les injonctions chères à l'arrogance prussienne :

Rechts gehen ! (Prenez votre droite !) *Kopf hoch !* (Levez la tête !) *Maul halten !* (Fermez la g...!) *Es ist verboten auszuspucken.* (Il est défendu de cracher.) *Es ist verboten laut zu reden.* (Il est défendu de parler haut.) *Es ist verboten zu gehen.* (Il est défendu de marcher.) *Es ist verboten zu stehen.* (Il est défendu de rester sur place.) *Es ist überhaupt alles verboten.* (En résumé, tout est défendu...).

Cette satire violente réjouit fort nos invités. Le public avait tenu, du reste, à jouer un rôle actif dans la fête, en parodiant les costumes d'apparât des personnages officiels, en s'attachant un peu partout des décorations fameuses, *Roter Adler-Orden,* ou *Kreuz « Pour le mérite ».* Je rencontrai même dans la foule quelques ministres d'Etat et le directeur de la police.

Tout le monde pouvait s'en donner à cœur joie, le bal étant privé. Outre la licence coutumière au carnaval munichois, il y avait encore la satisfaction d'une vieille rivalité de race et de dynastie. Les Bavarois ne manquent jamais une occasion de faire sentir aux Prussiens leur mépris et leur haine, *quand il n'y a pour eux aucun danger direct.* La franchise allemande est toujours subordonnée à la crainte. Il suffit d'avoir parcouru l'Allemagne et d'avoir observé chaque pays de la Confédération pour connaître exactement les sentiments que nourrissent le Bavarois, le Saxon, le Wurtembergeois, le Badois à l'égard des habitants du Brandebourg. Pourtant ils subissent tous l'hégémonie de Berlin, d'abord parce qu'ils estiment que la Prusse est plus forte qu'eux, ensuite parce qu'ils espèrent, à l'ombre de cette force, augmenter leurs profits personnels. C'est tout le secret de l'unité allemande.

A l'époque de la Renaissance, mainte famille, italienne puissante et riche, s'attachait un *bravo*, sorte de spadassin brutal et sans scrupule qu'elle chargeait du soin de veiller sur sa sécurité. C'était lui qui dépêchait l'ennemi gênant, ou faisait disparaître le rival trop ambitieux. La Prusse est devenue le *bravo* de l'Allemagne. Elle abuse de sa situation pour asservir ceux qui l'emploient. Elle étend ses tentacules, elle étouffe l'Allemagne, elle lui ravit ses dernières libertés. Tant qu'elle sera forte et victorieuse, elle sera supportée, soutenue, obéie. Le jour où elle succombera, elle n'aura pas de plus terribles adversaires que ses anciens confédérés. C'est à qui d'entre eux lui donnera le coup de pied de l'âne.

En attendant, ils se taisent, ils se soumettent, ils subissent toutes les avanies, par calcul et par crainte...

Voilà ce que j'ai compris une fois pour toutes, cette nuit de carnaval à Munich, dans les salles facétieusement décorées de la *Schwabingerbräuerei*. Le poète viennois Peter Altenberg a dit, non sans quelque profondeur :

> *Ohne Masken, sind wir bloss Masken.....*
> (Sans masques, nous ne sommes que des masques...)

En Allemagne, les masques ont souvent plus de franchise que les hommes.

Quand le matin blafard fit pâlir les lumières artificielles, nos invités rentrèrent chez eux. Dehors, ils retrouvèrent l'ordre immuable des choses. Des agents de police, des vrais, ceux-là, surveillaient la sortie. Leurs casques à pointe, leurs épaules artificiellement carrées, leurs tuniques sombres, leurs bottes courtes et grossières, leurs sabres recourbés, ponctuaient d'une note pesante et sévère les derniers éclats de la gaieté nocturne. C'était le rappel salutaire à l'obéissance, à la soumission, conditions *sine qua non* de la plus grande Allemagne dont la perspective miroitait au loin, comme une récompense due à beaucoup de servilité...

Etudiants allemands à leur *Stammtisch* (table réservée).

Et je me souvins du dernier conseil de Hans Sachs au chevalier Walther de Stolzing.

Ne méprisez jamais les maîtres...

* * *

Il y a, sans doute, autant d'agents de police en France qu'en Allemagne. Pour gouverner les peuples, comme pour diriger les chevaux, il faut bien se servir du mors ; mais l'agent allemand est plus encombrant, plus épais, plus lourd ; il sent la caserne, on le remarque davantage.

D'abord, il y a beaucoup plus d'existences précieuses, en Allemagne qu'en France, à défendre contre la foule anonyme. Songez un peu à tous ces rois et roitelets, à tous ces grands-ducs, à toutes ces Altesses Sérénissimes qui détiennent dans l'empire, de par la grâce de Dieu et de l'empereur, une parcelle du pouvoir. Chaque grande fête, pacifique ou guerrière, religieuse ou laïque, les attire hors de leurs palais. C'est alors que la gent policière se montre en masse et fait la haie sur le parcours des cortèges officiels, rideau brutal interposé entre la curiosité lasse des badauds et l'indifférence apathique des princes. Quand il s'agit du *Kaiser*, les agents se multiplient de façon inquiétante ; ils débordent sur tous les trottoirs ; leurs tuniques noires et leurs casques disgracieux fourmillent sur les esplanades ; même dans la banlieue, on les retrouve derrière chacun des pins insipides qui encadrent la longue route de Potsdam à Berlin. Malheur à celui qui ne circule pas. Des faces carrées aux maxillaires proéminents vous dévisagent sous le nez ; les poings velus se contractent au bout des bras de l'autorité. Crions bien fort et trois fois : *Hoch, Hoch, Hoch!* en agitant le mouchoir blanc traditionnel, ou gare les coups !

Je me revois encore sur le mail de Berlin, *Unter den Linden.* Tout le terre-plein était noir de monde. C'était le jour où Guillaume II rentrait de sa fameuse excursion à Jérusalem. J'étais littéralement écrasé entre le tronc d'un arbre et le ventre d'un *Schutzmann* au visage cramoisi; toutefois je n'osais ni broncher, ni me plaindre ; mon accent m'eut trahi, peut-être.

Un gamin avait réussi à grimper dans les branches du tilleul, au-dessus de ma tête. A travers le *Brandenburgerthor* il scrutait la perspective du *Thiergarten*. L'attente avait énervé la curiosité ; on commençait à s'impatienter. Tout à coup, le jeune garçon, perché dans l'arbre, laissa tomber d'un ton faubourien :

— *Det Affe kommt nischt!*[1] (Le singe ne vient pas !).

Autour de moi fusèrent des rires étouffés. La face cramoisie du *Schutzmann* tourna au violet ; son ventre se gonfla de colère et m'entra plus avant dans les côtes.

— *Wat sagen Sie, da oben?* (Qu'est-ce que vous dites, vous, là-haut ?), cria-t-il en levant les yeux.

— *Ick sage, det Affe kommt nischt.* (Je dis que le singe n'arrive pas), répliqua placidement le petit voyou.

Le *Schutzmann* renifla bruyamment et demanda :

— *Wen meenen Sie damit ?* (Qui désignez-vous ainsi ?)

— *Ick meene man bloss meinen Bruder, natürlich.* (C'est de mon frère que je parle, naturellement.)

Les gens continuaient à rire en dedans, prudemment. L'agent désorienté piétina sur place. Un long silence suivit, puis la voix gouailleuse reprit en haut de l'arbre :

— *Sie, Schutzmann, wen haben Sie jemeent, eijentlich ?* (Hé, l'agent, qui donc avez-vous cru que c'était, *vous* ?)

Enfin le kaiser arrive, en auto découverte. Des rangs pressés du public s'élèvent des petits cris bien sages. Guillaume passe rapidement, en jetant de hâtifs coups d'œil à droite et à gauche. Il n'aperçoit que les trois ou quatre files de *Schutzleute* aux

---

[1] Jargon berlinois.

physionomies de brutes figées. Elles le séparent bien de son peuple. Elles le *protègent* contre lui... peut-être.

* * *

Nous désignons les membres de notre police sous les termes génériques : gardiens de la paix, sergents de ville, agents de police. Ces appellations sont de simples constatations qui n'impliquent aucun commentaire. Les Allemands, eux, ont donné à leurs agents de police le nom symbolique de *Schutzmann*, littéralement homme-qui-protège. Et voilà comment on retrouve, dans une manifestation nécessaire de l'ordre public, tout la mentalité allemande.

Dans le mot *Schutzmann* il y a de la servilité, de la soumission, ce besoin perpétuel d'une race de se mettre à l'abri d'une force quelconque. Il y a surtout la peur de tout ce qui est inconnu, contraire à la norme; il y a la peur du génie, de l'apache et celle de la révolution. Les bourgeois allemands ont besoin d'être protégés. Aussi les *Schutzleute* les écrasent-ils, les piétinent-ils, les étripent-ils s'ils se permettent de parler de liberté. La liberté, c'est le pire ennemi des Allemands.

Dans le mot *Schutzmann* il y a aussi et surtout de l'hypocrisie. On a donné à la police un nom flatteur et mensonger pour l'amadouer, pour atténuer sa brutalité. Ainsi le chien lèche la main qui le frappe. Chaque Allemand sait fort bien que la police ne protège que ses maîtres. Ce sont dix *Schutzleute* qui, en 1913, ont pénétré dans l'enceinte inviolable du Reichstag et mis brutalement à la porte deux députés. Quelques années avant la guerre, je me rendis à *Moabit*, faubourg de Berlin, quand y éclatèrent les émeutes ouvrières. La foule était fort peu menaçante; elle réclamait des concessions, un droit de vote plus équitable. On dépêcha contre elle les *Schutzleute*. Sans provocations préalables, ils foncèrent sur le peuple, le sabre dans une main, le revolver dans l'autre. Je les vis manœuvrer au sifflet avec une méthode parfaite et tuer proprement leur homme.

Immunité parlementaire, droits imprescriptibles des citoyens, est-ce que tout cela compte en Allemagne ? — Oh! l'ironie de cette langue aux mots composés, où le *Schutzmann* et le *Schutzengel* : le sergot et l'ange gardien, sont désignés de la même façon !

Une nuit, à Munich, un *Schutzmann* étendit raide, d'un coup de revolver, un pauvre pochard, bruyant et inoffensif, qui n'obtempérait pas assez vite à l'injonction de se taire. Le pochard était étudiant. Malheureusement, il n'appartenait à aucun *Korps* (corporation d'étudiants) aristocratique ou bien pensant. L'affaire fut étouffée. A Bonn, par contre, les membres de la *Borussia*, le *Korps* le plus chic d'Allemagne, celui qui compte des ministres, des princes, des rois, des empereurs parmi les *alte Herren* (sorte de Labadens), les membres de la *Borussia*, donc, se permirent d'envoyer quelques *Schutzleute* dans le Rhin, la tête la première, et de fendre le crâne à quelques autres. A peine si l'on inquiéta un peu ces messieurs, pour la forme[1]. L'affaire fut étouffée. En Allemagne, tous les conflits susceptibles de porter une atteinte grave à l'autorité sont étouffés. L'immunité parlementaire est violée au *Reichstag*, le pouvoir civil est bafoué par l'élément militaire à Saverne, on commence par crier au crime, les groupes politiques s'agitent, on parle de renverser le gouvernement, l'opposition se hérisse et s'enfle, on prononce de virulents discours, puis brusquement tout se calme et s'arrange. L'Allemagne se soumet.

Jamais ces gens-là ne seront capables de faire une révolution, avec tous ces *Schutzleute*, tous ces gens-qui-les-protègent autour d'eux.

Nous étions cinq qui résolûmes, un jour, de monter en haut

---

[1] On leur interdit pendant quelque temps de porter leurs *couleurs* (rubans aux couleurs de la corporation).

des tours de la *Frauenkirche* (Notre-Dame), la cathédrale de Munich. Cette église en briques rouges, de style gothique **très** simple, ne présente que deux originalités bien marquantes : d'abord deux coupoles de cuivre en forme d'oignons qui recouvrent les tours hautes de cent dix mètres, ensuite le fait que l'église fut construite, en 1468, par un *Baumeister* (maître-maçon) illuminé, au-dessus d'une église plus petite qui continua à fonctionner à l'intérieur de la grande, jusqu'à ce que cette dernière fût achevée, en 1480.

Du haut des tours on a une très belle vue sur les Alpes de Bavière et sur la vallée accidentée de l'Isar. Pour donner à notre escalade une certaine couleur locale, nous avions revêtu le costume des montagnards : culotte en peau de chamois, mollets nus, souliers ferrés, bretelles de drap brodées, chapeau vert, surmonté d'un blaireau, et *Rucksack*. Nous achetâmes dans un *Weinrestaurant* du voisinage deux ou trois bouteilles de *Rüdesheimer* (vin du Rhin), qui trouvèrent place dans nos sacs de montagne. Le sacristain, qui ne jugea pas à propos de nous accompagner, nous ouvrit la lourde porte basse d'une des tours et nous nous engageâmes dans l'escalier obscur en colimaçon.

Après avoir suffisamment joui du panorama, nous vidâmes nos bouteilles à la régalade. Nous étions jeunes et gais. Le vin nous délia la langue ; nous nous mîmes à chanter à tue-tête en redescendant. La tour entière formait un immense cornet acoustique ; nos voix s'enflaient, en tombant dans la spirale de l'escalier, jusqu'à produire un bruit d'ouragan, ce qui nous amusait fort. Après nous être concertés, nous attaquâmes en chœur une vieille chanson populaire des bords du Rhin, que je reproduis ici dans sa traduction littérale :

LA CHANSON DES FOINS

Un paysan avait une jolie femme
Qui aimait à rester à la maison.'
Elle disait souvent à son cher époux
Qu'il devrait bien aller voir les foins,
Qu'il devrait bien aller voir les
Ha, ha, ha, tralala,
Tradéridéra,
Aller voir les foins.

L'homme pensait à part lui :
» Ces discours sont fort beaux,
Mais je veux me cacher derrière la porte,
Je veux voir ce que fait ma femme,
Je dirai que je vais voir mes foins,
Ie dirai que je vais voir mes
Ha, ha, ha, tralala,
Tradéridéra,
Que je vais voir mes foins. »

Un palefrenier vient à pas de loup
Visiter la jeune femme.
Elle le reçoit de façon cordiale,
Lui fait comprendre ce qu'elle désire :
» Mon homme est parti voir les foins,
Mon homme est parti voir les
Ha, ha, ha, tralala,
Tradéridéra,
Parti voir les foins. »

Il la prend vite par la taille,
Il la tiraille dans tous les sens.
Le mari, qui se trouvait derrière la porte,
Rentre, la face rouge de colère.
» Je ne suis pas encore parti voir mes foins,
Je ne suis pas encore parti voir mes
Ha, ha, ha, tralala,
Tradéridéra,
Parti voir mes foins. »

— » Ah, mon homme chéri, mon mari bien-aimé,
Pardonne-moi, cette unique faute.

Je veux bien t'aimer, bien te gâter.
Je te cuirai des compotes et des crêpes.
Je pensais que tu étais parti voir les foins,
Je pensais que tu étais parti voir les
Ha, ha, ha, tralala,
Tradéridéra,
Parti voir les foins. »

— « Et quand je serais parti voir les foins,
Voir le seigle et voir le froment,
Jamais tu ne dois quand même
En aimer un autre que moi.
Que le diable aille voir les foins,
Que le diable aille voir les
Ha, ha, ha, tralala,
Tradéridéra,
Aille voir les foins ! »

Celui qui chante cette chanson,
Il doit la chanter souvent.
C'est le jeune et beau palefrenier.
Lui-même est devenu fermier,
Et souvent il va voir ses foins,
Et souvent il va voir ses
Ha, ha, ha, tralala,
Tradéridéra,
Il va voir ses foins.

A la fin de la dernière strophe, nous atteignons la porte de la tour. Nos mains cherchent, en tâtonnant. le lourd verrou de bronze. Le battant cède ; nous voici sur le parvis de l'église, aveuglés par la lumière au sortir des ténèbres de l'escalier. Une foule grouillante brandit vers nous des poings menaçants. Trois prêtres, quelques bedeaux et toutes les dévotes de la cathédrale nous anathématisent et crient au sacrilège, parce que nous avons troublé la sainteté d'un office religieux. Notre chanson profane a quitté l'escalier de pierre pour pénétrer dans l'abside ; elle est tombée des hauteurs du toit sur la tête des fidèles. Scandale et profanation ! Nous avons beau protester de la pureté de nos intentions, de l'ignorance où nous étions des mystères acous-

tiques de l'édifice, il nous faut expier. Un *Schutzmann*, appelé
d'urgence, endigue l'exaspération des fidèles en levant ses gros
poings. Il nous interroge ensuite et prend nos noms par écrit.
Je vois poindre l'instant où il va s'assurer de nos personnes,
mais le dernier d'entre nous est le neveu du ministre plénipo-
tentiaire de Prusse auprès de la Cour de Bavière. Jamais nous
n'aurons de contravention. Au contraire, le *Schutzmann*, tout
en nous adressant des clignements d'yeux, nous soustrait à la
fureur de la foule. Il fait semblant de nous arrêter, nous conduit jusqu'au détour d'une ruelle puis nous engage, en s'excusant, à filer le plus vite possible et à ne pas reparaître sur les
lieux avant quelques jours. Merci, *Schutzmann*, *Schutzengel*,
homme-qui-protège, ange gardien !

* * *

Il est certaines eaux minérales qui, mélangées au vin rouge,
l'altèrent et le décomposent. Les sentiments les meilleurs sont
ainsi gâtés par le caractère allemand. Grâce à lui, l'obéissance
devient de la servilité, la fierté de l'arrogance, la politesse de
l'obséquiosité.

Avez-vous jamais vu un officier allemand se présenter ou
prendre congé ? Il se casse légèrement en deux, il rapproche
d'un geste sec les talons, en faisant résonner ses éperons, et
cette raideur pleine de morgue lui semble être le *summum* de la
distinction. Si vous rencontrez en voyage un Allemand dans un
hall d'hôtel, dans un wagon, dans un restaurant, sur tous ces
terrains neutres où l'on se frôle sans se parler ou bien où l'on
s'adresse réciproquement quelques phrases banales, sans appro-
fondir une connaissance fortuite, cet Allemand insistera. Il
tient à encombrer votre souvenir de sa personnalité ; il attend
l'instant propice, il s'avance, il s'incline, il vous confie son
nom. Le voilà satisfait.

Je me rappelle une amusante boutade de Gulbranson, le dessinateur du *Simplicissimus*. Sur le pont d'un paquebot, un Anglais lit le *Times*, étendu sur une chaise longue. Un Allemand épais s'incline devant lui :

— *Mein Name ist Meier*. (Mon nom est Meier.)

L'Anglais, sans interrompre sa lecture, retourne brusquement sa chaise d'un autre côté. L'Allemand fait le tour, se replace devant lui, s'incline à nouveau :

— *Mein Name ist Meier.*

Furieux, l'Anglais remonte ses genoux à la hauteur de son menton, enfonce sa tête dans ses épaules, ouvre tout grand le *Times* pour mieux s'abriter. Imperturbable, l'Allemand écarte d'un doigt familier l'encombrant quotidien et murmure de sa voix la plus insinuante :

— *Mein Name ist Meier.*

Aucune tactique, aucune posture ne décourage l'importun. Il insiste, sans se décourager :

— *Mein Name ist Meier.*

— Qu'est-ce que vous voulez que j'y fasse ? — s'écrie enfin l'Anglais impatienté.

Cette politesse maladroite, tantôt obséquieuse, tantôt raide et cassante, est un paravant derrière lequel se dérobe l'âme allemande moderne. Pour pénétrer la nouvelle mentalité germanique il suffit de fréquenter ceux à qui leur rôle bien défini ou leur jeunesse insolente permet d'être sincères : les officiers et les étudiants.

Les officiers forment une caste dans l'empire, la caste favorisée, par excellence. Ils ne sont pas les citoyens d'une grande nation, au service de la chose publique, ils sont essentiellement les soutiens de la dynastie. Guillaume dit couramment : *Meine Armée, meine Rekruten, meine Flotte*. L'officier qui a juré fidélité à l'empereur dit à son tour : *Ich trage den Kaiserrock*. (Je porte la livrée de l'empereur.) Le reste ne compte pas ; or, le reste, c'est l'Allemagne, ce sont les Allemands. Le corps des officiers se recrute dans les classes les plus réactionnaires, surtout dans l'aristocratie. Comme au moyen âge, les chevaliers se pressent autour de leur suzerain qui soutient leur zèle et leur fidélité, en les exaltant et en les couvrant d'honneurs. Cette conception féodale de leur fonction dans l'empire donne aux officiers une arrogance inconcevable. Quand ils sont jeunes, cette morgue affecte des formes outrancières. Dans les petites garnisons, ils traînent le sabre le long des rues, occupent le haut du pavé, écrasent de leur mépris les civils et ne fréquentent exclusivement que leurs congénères. La caricature allemande a fixé leur type. Thöny, du *Simplicissimus*, nous montre leurs faces glabres et ridées de petits vieillards précoces, le rictus insolent de leurs lèvres, leur sempiternel monocle fiché dans l'œil droit, leurs épaules rembourrées par le tailleur militaire, leur taille corsetée, toute leur apparence de poupées dégénérées, vicieuses et cruelles. Quand ils appartiennent à un régiment de cavalerie, ce qui est un indice de fortune et de haute naissance, ils en tirent ouvertement vanité et font davantage sentir aux bourgeois allemands leur supériorité. J'en connus un qui disait :

— Au commencement il y a l'officier de cavalerie, puis il n'y a rien, encore rien, toujours rien ; alors vient le cheval. Ensuite il n'y a rien, pendant longtemps il n'y a rien ; puis vient l'officier d'infanterie. De nouveau il n'y a rien, toujours rien ; enfin vient le bon Dieu. Après le bon Dieu, rien, rien, rien ; alors vient l'officier d'artillerie et plus loin, beaucoup plus loin, *das deutsche Volk* (le peuple allemand).

Quand le kaiser était content du loyalisme d'une petite ville, il promettait officiellement aux jeunes filles de l'endroit de leur envoyer un de ses meilleurs régiments en garnison. C'est ce qu'il fit à Elberfeld, deux ou trois ans avant la guerre, à la grande joie des journaux humoristiques.

L'officier n'est pas sympathique à la nation. Depuis l'aventure de Saverne et les écarts du jeune Forstner, il était même devenu franchement odieux. Mais, là encore, l'Allemand, fidèle à sa nature, se soumet. Il a peur d'une caste toute puissante dont il peut avoir besoin un jour. Il se contente de rire à ses dépens, quand l'occasion s'en présente.

Tout le monde se souvient de l'aventure du capitaine de Köpenick, ce savetier qui, déguisé en officier, réquisitionna un détachement de soldats et alla arrêter un bourgmestre dans sa mairie, non sans vider par la même occasion la caisse municipale. Cette aventure jeta les bourgeois d'Allemagne dans une hilarité violente. Cette satire vécue du militarisme teuton leur parut exquise. Une profonde sympathie pour Voigt, le cordonnier psychologue, les incita à s'occuper de son sort. Je revis Voigt à sa sortie de prison. Il avait des rentes. Un comité s'était formé pour lui rassembler un petit capital. Il errait à travers l'Allemagne, bien vêtu et bien nourri, fréquentait les restaurants et les cafés les plus connus et y vendait des *Postkarten* représentant ses traits et portant sa signature. On lisait en dessous : *Der Hauptmann von Köpenick.* Les Allemands croyaient ainsi jouer un bon tour à messieurs les officiers et à leur chef suprême. Ils ne songeaient pas, les malheureux, que l'événement les affectait autant que l'armée elle-même. Un bourgeois, le bourgmestre de Köpenick, s'était laissé arrêter par un faux capitaine, un vulgaire *gnaf* aux jambes cagneuses, dont l'accoutrement n'était même pas réglementaire. Ses adjoints étaient également tombés dans le panneau. Une buraliste de chemin de fer, un chef de gare, un étudiant-soldat qui accomplissait son volontariat, quantité d'autres témoins ou acteurs de l'ineffable comédie s'étaient laissé berner avec la même facilité. La morale de toute l'histoire, c'est qu'il suffisait d'un épouvantail à moineaux fabriqué avec une défroque d'officier pour inspirer la crainte à toute la population allemande, de Königsberg à Munich et de Breslau à Coblence, pour annihiler dans chaque individu le sens critique et la fameuse *Gründlich-keit* (profondeur) germanique.

En attendant, les jeunes officiers rongeaient leur frein, maudissaient la longue paix, appelaient l'événement qui devait servir leur ambition : mariage riche ou... guerre glorieuse et faisaient retomber leur impatience et leur mauvaise humeur sur les civils. Ceux qui n'avaient pas de fortune supportaient avec stoïcisme leur misère dorée. A midi, ils déjeunaient avec leurs camarades au *Kasino* (mess). Le soir, ils prenaient dans leurs humbles chambres un frugal repas (*Abendbrod*, le pain du soir).

C'est ainsi que le *Bursch* (ordonnance) court acheter chez le charcutier du « fromage de foie » (*Leberkäse*), nourriture vulgaire et bon marché.

— *Für zehn Pfennig Leberkäse*, dit-il en pénétrant dans la boutique. Puis il ajoute afin de sauvegarder les apparences :

— *Es ist für den Fox des Herrn Leutnant.* (C'est pour le fox-terrier de mon lieutenant.)

Mais le lendemain, quand l'ordonnance revient acheter pour son maître les deux sous traditionnels de fromage de foie, elle s'oublie et réclame :

— *Ein bisschen besser wie gestern, hat gesagt der Herr Leutnant.* (Un peu plus mangeable que celui d'hier a dit mon lieutenant.)

* * *

Quand on pénètre à l'intérieur d'un café ou d'un restaurant, à Munich, à Berlin, à Leipzig, dans l'une des grandes villes d'Allemagne qui possèdent une université, on remarque, pendues aux patères, le long d'un mur, des casquettes de drap blanc, rouge, vert, bleu, orange, violet, cerclées d'un ruban bicolore ou tricolore. La table qui avoisine ces casquettes est réservée ; une pancarte l'indique : *besetzt* (occupée). Cette pancarte est adossée à une statuette de bronze qui brandit un étendard de soie (*Standart*) aux mêmes couleurs que le galon des casquettes. Sur cet étendard s'inscrivent des initiales en arabesques fantaisistes. Le rebord de la boiserie, qui recouvre la muraille à hauteur d'homme, supporte quelques vieux brocs de bois ou d'étain, un *Römer* de grande dimension [1], plusieurs pipes de porcelaine coloriée, une petite armoire en sapin passé au brou de noix, dont le panneau porte un écusson semblable à l'étendard de la statuette.

A heures fixes, des jeunes gens envahissent ce coin. Ils arrivent individuellement, se saluent avec cérémonie, troquent leur chapeau contre une des casquettes appendues [2], semblent séparés par une hiérarchie pointilleuse, s'attablent suivant des rites obscurs, tirent de leur poche une mince écharpe de soie colorée qu'ils attachent en bandoulière et, ceci terminé, se mettent à boire sans interruption. Quelquefois l'un d'eux a le visage emmaillotté dans des bandelettes de gaze noire. Un relent âcre d'iodoforme se répand à travers le local et prend sournoisement les consommateurs à la gorge ; il s'agit d'un héros que quelques coups de sabre à travers la face ont momentanément détérioré. Tous ces jeunes gens parlent haut, d'un ton autoritaire et cassant, regardent les indigènes avec une insolente commisération, malmènent volontiers l'humble *Kellnerin* qui les sert. Ce sont des étudiants, c'est-à-dire la jeunesse cultivée, l'avenir de la nation allemande.

Dans les universités, l'habitude de se réunir en *Korps* ou *Verbindungen* (associations) remonte à une époque lointaine, à Martin Luther. Toutefois c'est à Heidelberg, en 1810, que les

---

[1] Le *Römer* (romain) est un verre à pied verdâtre en forme de coupe profonde dans lequel on boit, en Allemagne, le vin du Rhin. Ce nom vient sans doute de la fameuse salle du sacre de Francfort-sur-le-Mein où le candidat au trône du saint Empire était jadis couronné. Cette salle s'appelait le *Römer* et l'empereur élu y vidait solennellement une coupe de vin.

[2] Dans les petites villes d'université comme Iéna, Heidelberg, Marbourg, Bonn, etc., les étudiants conservent leurs casquettes et leurs « couleurs » dans la rue. La ville garde ainsi un caractère bien marqué de ville d'étudiants.

étudiants fondèrent le premier *Korps* officiel. En 1848, le gouvernement consacra l'organisation des étudiants telle qu'elle subsiste encore aujourd'hui.

Il serait trop long d'entrer dans les détails multiples de cette organisation. Elle a pour buts principaux : l'union plus intime des jeunes gens d'une même génération, la soumission de tous les membres à une discipline interne, l'exaltation de la camaraderie et de la solidarité, le mépris de la souffrance physique, la culture du sentiment de l'honneur [1], toutes choses fort louables en soi.

Les étudiants se réunissent donc par *Korps*, qui se transmettent jalousement, de génération en génération, le nom de leurs adeptes et le récit de leurs prouesses. Chaque *Korps* a un nom spécial, en général le nom latin de la ville ou de la région de l'Allemagne d'où les membres sont originaires : *Borussia* (Prusse), *Rhénania* (Rhin), *Ratisbonnia* (Regensburg), *Vindobonia* (Vienne), etc. Les *Studentenkorps* maintiennent jalousement le particularisme *qui est une des forces de l'Allemagne moderne* [2]. Chacun de ces *Korps* a ses couleurs et son monogramme. Le *Korps* se compose de membres actifs et de membres honoraires. Ces derniers sont toujours d'anciens membres actifs, ils sont appelés *alte Herren* (vieux messieurs) ou *Philister* (Philistins). A l'occasion des fêtes commémoratives du *Korps* ou de l'université, ils assistent aux réunions [3]. Les membres actifs élisent trois chefs (*drei gewählten Chargierte*), à savoir ; le *senior*, le *consenior* et le *subsenior*. Les *Burschen*

---

[1] *Erziehung der Mitglieder zu Honorigen* disent les étudiants eux-mêmes. Chaque *Korpsstudent* doit être *satisfaktionsfähig*, c'est-à-dire en état de « donner satisfaction » à quiconque, le sabre en main.

[2] Ce particularisme empêche la centralisation et conserve à chaque pays de la Confédération sa vie propre, sans empêcher l'unité de direction de tout l'empire.

[3] On comprend l'importance de ces réunions où les vieilles générations, arrivées et puissantes, retrouvent le contact avec les jeunes, dans un cadre qui leur rappelle leur propre jeunesse. C'est ainsi que l'esprit de *Korps* cimente les amitiés et permet aux jeunes gens de compter sur l'appui effectif de leurs aînés.

(garçons) sont les étudiants qui comptent plusieurs semestres, les *Füchse* (renards), les étudiants des deux premiers semestres. Chaque *Bursch* adopte un *Leibfuchs* qui lui doit obéissance mais auquel il doit protection et conseil. L'ensemble des usages qui règlent les rapports entre membres et le programme de la vie en commun, au sein du *Korps*, sont contenus dans un recueil qui s'appelle le *Komment*[1]. C'est là que sont consignées les façons de boire, de manger, de se battre (*Bier-Trink- und Paukkomment*).

En résumé, les usages de ces étudiants groupés ont conservé un caractère théâtral et romantique, dû sans doute à l'époque où les premières *Studentenverbindungen* furent officiellement proclamées. Chaque *Korps* a son uniforme et sa bannière, sa salle d'escrime (*Fechtboden*) où les membres se mesurent au sabre (*Mensur*). Pour ces sortes de rencontres on protège le haut du buste, la gorge, le nez et les yeux des combattants ; le reste du visage est à découvert. L'arme employée est le *Schlager*, lourd sabre recourbé, soigneusement aiguisé et stérilisé. Comme les coups se donnent de haut en bas, c'est toujours la tête qui écope. Le sang coule à flots. Des rigoles sont aménagées dans le sol à cet effet. On se croirait dans une charcuterie. Après la lutte on recoud les blessures, qui laissent toujours une cicatrice apparente, ce dont les étudiants allemands sont très fiers. J'ai connu un docteur bavarois dont le crâne rasé portait plus de vingt-deux entailles au sabre. D'autres ont la joue coupée en croix, une oreille mutilée, les lèvres fendues, le menton défoncé, etc. L'héroïsme, en Allemagne, doit être bien apparent pour devenir un titre de gloire. Ce peuple ignore, décidément, la pudeur morale et n'a de sens que pour la réclame.

Toutefois ces *Mensur* ne sont qu'un amusement, un entraînement, sans autre résultat que des blessures visibles mais inof-

---

[1] Encore un *K* boche ; c'est simplement le mot français *comment* ? Il en est de même pour *Korps*.

fensives. Le rêve du *Korpsstudent* est la rencontre sérieuse, avec provocation, échange de cartel, témoins, débats sur le choix des armes, sabre ou pistolet. Aussi, partout où il fréquente, le *Korpsstudent* jette-t-il autour de lui des regards scrutateurs ; il cherche une affaire, il la crée au besoin, soit en bousculant quelqu'un, soit en s'approchant de lui et en lui jetant à la face la phrase sacramentelle : *Sie haben mich fixiert* ? (Vous m'avez dévisagé ?)

En dehors de ces récréations sanguinaires le *Korpsstudent* emploie, le jour, ses heures de liberté, et toutes ses nuits à boire. Là encore il ne suit pas son tempérament ni les inspirations de sa fantaisie. Il obéit à un code compliqué, prévu et fixé par le *Komment*, qui transforme son estomac en outre extensible, à la volonté des supérieurs hiérarchiques. Le chef de *Kneipe* (table ou restaurant où les étudiants se réunissent) ordonne-t-il, par exemple, le *Salamander* ? tous les assistants portent leurs grandes chopes à leurs lèvres. Quand il crie *Pros't ex*, tous vident la chope d'un seul trait, sans reprendre haleine ; celui à qui le souffle manque doit immédiatement recommencer avec une cruche pleine.

La quantité de liquide absorbé les gêne-t-elle ? messieurs les étudiants sortent un moment et — comme les Romains — s'enfoncent un doigt dans le gosier. Ils reviennent, libérés, et recommencent à boire. Au petit jour, on en rencontre dans les ruisseaux, sous les ponts, dans les gares. Il y en a qu'on doit ramener en brouette. Ces lourdes beuveries, ces orgies grossières les flétrissent physiquement et moralement. On rencontre rarement un *Korpsstudent* avec une femme. Ce serait pourtant de leur âge, semble-t-il. Ils n'ont ni le respect, ni l'amour de la femme. Tout au plus vont-ils voir en secret les prostituées ou bien s'acoquinent-ils avec une *Kellnerin*, par calcul et par intérêt ; ils promettent monts et merveilles à la pauvre fille qui leur fait crédit, en attendant.

(DESSIN DE TH. TH. HEINE.)

Le *Schutzmann* (l'homme-qui-protége), symbole de
l'Allemagne moderne.

Ainsi, là comme partout ailleurs, on retrouve le fond atavique de la mentalité allemande : l'absence de personnalité, de caractère individuel, le besoin de s'assembler et de s'organiser, de se soumettre et d'obéir, une tendance fâcheuse à parodier, en les exagérant et en leur ôtant leur véritable portée, des sentiments féconds en eux-mêmes, comme la fierté, le courage, la solidarité. Mais chez ces étudiants et ces officiers allemands on retrouve, en outre, les deux traits caractéristiques de l'Allemagne moderne, de cette Allemagne qui a déchaîné sciemment l'horrible guerre actuelle : le matérialisme et le culte exagéré de la Force.

Quarante ans de culture intensive, quarante ans de succès, d'essor industriel et financier ont abouti chez nos voisins à ces deux monstruosités.

Les *Korpsstudenten* appartiennent, la plupart du temps, aux familles puissantes de l'empire ; ce sont les fils de familles nobles, de banquiers, d'industriels, de commerçants, de professeurs, de gros propriétaires terriens, de tous ceux qui, ayant profité de la formidable ascension de l'empire, se pressent autour du trône [1]. Or, pour ces jeunes gens qui n'ont point le temps d'étudier mais trouvent celui de se battre avec ostentation et de boire avec excès, cette vie ne vaut la peine d'être vécue que si l'on possède, à l'exclusion de toute autre science, le sens pratique des réalités. Foin du sentiment et de l'idéalisme ! La nature enseigne que la vie est une lutte perpétuelle, qu'il faut manger pour ne pas être mangé, tué pour ne pas être tué, et que la force et la ruse sont les seuls moyens d'obtenir le succès.

Relisons les discours de Guillaume II, encore plus les phrases prononcées par le chancelier au début de la guerre, à cette heure

---

[1] En dehors des corporations d'étudiants, il s'était formé, au cours des dernières années, des sociétés libres où se coudoyaient les jeunes gens aux idées avancées et libérales, telle la *freie Studentenschaft* (Union des étudiants libres), qui organisait des conférences et des représentations théâtrales. Ces étudiants n'avaient aucun *Komment*, bien entendu. Malheureusement la police et le gouvernement leur étaient hostiles et leur influence s'en trouvait fort réduite.

tragique où les masques tombèrent, nous y trouvons l'écho des théories cyniques d'une logique féroce qu'avaient adoptées la jeunesse allemande : nécessité ne connaît point de loi, la fin justifie les moyens, les faibles n'ont pas le droit d'exister, etc.

Je connais les étudiants allemands, leurs faces balafrées, leurs yeux troubles, leurs démarches raides. L'évolution allemande en a fait des jouisseurs effrenés, qui veulent leur part de vie, — leur place au soleil, — la plus grande possible, au détriment des autres. Ils ne s'embarrassent d'aucun scrupule. Leur conscience n'a d'autre guide que leurs appétits et ces appétits sont d'autant plus formidables qu'ils se sentent assez forts pour les satisfaire.

Voilà où ont abouti la politique d'un Bismarck et la littérature démoralisante d'un Nietzsche.

Il fut un temps où l'étudiant allemand, sous sa tunique de velours noir à brandebourgs, pincée à la taille, son large pantalon à carreaux et sa casquette à gland, combattait en idéaliste pour la liberté et la fraternité. C'était en 1848. A Vienne, à Munich, à Berlin, la jeunesse intelligente sentit souffler le vent qui venait de France et se leva d'un seul bloc...

Un an avant la guerre, je me trouvais dans l'atelier d'un peintre célèbre à Berlin. Il me montrait quelques costumes anciens dont il avait revêtu des mannequins ; il savait combien j'aimais ces vestiges du passé. En fouillant dans un bahut, il tomba sur une vieille casquette d'étudiant qu'il me tendit. Je l'examinai avec soin. La visière de cuir était cassée en plusieurs endroits ; le ruban de couleur, déteint ; le fond de la coiffe, trouée, d'un trou rond et régulier, comme en font les balles...

— Oui, oui, — me dit le peintre, qui me voyait occupé à considérer de très près l'étrange déchirure, — c'est la trace d'une balle. L'étudiant a été tué net, le 4 mars 1848, sur une barricade, près de la Sprée, *Holzstrasse*, juste en face de la maison où demeurait cette fameuse *Wundermädchen* (la fille aux miracles), qui vivait le jour comme une petite sainte, recevait des milliers de pèlerins, imposait les mains, guérissait les malades, et, le soir venu, allait se prostituer à l'autre bout de Berlin, dans les bals-musette.

— Mais comment savez-vous ?...

— C'est la casquette d'un de mes grands-oncles.

J'examinai à nouveau le drap transpercé. Ainsi, un étudiant allemand s'était opposé à la force, avait résisté à son roi, n'avait pas voulu se soumettre, parce qu'il rêvait l'émancipation de ses frères, un peu plus de bonheur pour l'humanité !

Est-ce que tout l'idéalisme allemand se serait enfui par ce trou-là ?

CHAPITRE VIII

LA FOIRE AUX VANITÉS

La foire aux vanités est un lieu où
l'on rencontre tous les orgueils, toutes les
dépravations, toutes les folies, où l'on
coudoie toutes sortes de grimaces, de
faussetés et de préventions.

W. MAKEPEACE THACKERAY

QUAND je fais appel à mes souvenirs, je revois encore la petite salle de mon théâtre munichois, oblongue et baroque, où les murailles tendues de soie jaune s'adornaient de peintures et de gravures audacieuses sous la lueur tamisée des lustres.

Près de l'entrée, au coin d'une loge, une colonne de chêne portait sur son chapiteau une tête de mort, coiffée d'une perruque blanche, dans laquelle était profondément fiché l'acier luisant d'une hache à long manche, la hache du bourreau,

Cette colonne symbolique s'appelait le *Schandpfahl*, le pilori (mot à mot, le poteau de la honte). Elle traduisait, de façon tangible, les aspirations satiriques et révolutionnaires des jeunes intellectuels qui s'étaient groupés sous ma direction et s'intitulaient, avec orgueil et présomption, *die elf Scharfrichter*, les onze bourreaux. Nous portions en effet la hache sur toutes les hypocrisies sociales ; nous aimions à démolir tout ce qui nous semblait conventionnel ou routinier. Vêtus de longues simarres rouges et la face masquée, le soir de notre première représentation, nous avions solennellement déclaré à notre public ébaubi, devant le billot noir où reposait la pointe de nos glaives :

> Du haut du ciel le vieux Dieu actionne
> Les poupées et les silhouettes,
> Et juste au plus beau moment,
> Nous coupons les ficelles [1].

Tous les onze, nous étions jeunes, remplis d'ardeur et de foi. Le même idéal de liberté et de beauté nourrissait notre activité féconde. Il y avait parmi nous un architecte, un avocat, trois écrivains, deux compositeurs, un sculpteur, trois peintres. Les disputes les plus violentes ne parvenaient pas à relâcher le lien spirituel qui nous unissait.

Nous suspendions au *Schandpfahl* la dernière insanité politique, la dernière bévue impériale, l'ultime loi réactionnaire, le dernier cri du snobisme, ce que la réclame stupide exaltait sans raison, ce qui insultait au bon sens ou à l'esthétique. Nos jugements avaient d'autant plus de poids que notre indépendance juvénile nous permettait d'être sincères, sans restrictions.

Frank Wedekind, l'un des nôtres, se déguisa une fois en dompteur forain : tunique à brandebourgs, culotte de peau blanche, bottes à l'écuyère. Dans ce costume, il débita sur la scène le prologue de sa pièce *Erdgeist* (l'esprit de la terre), qui devait avoir un grand retentissement quelques années plus tard et fonder sa renommée d'auteur dramatique. Faisant claquer son fouet d'une main, déchargeant son revolver de l'autre, il apostropha le public en phrases hachées :

— *Hereinspazieren in die Menagerie !* (Entrez dans la ménagerie !)

Cette ménagerie, c'était la pièce où l'auteur produit en

---

[1] Im Himmel lenkt der alte Gott
Die Puppen und die Schatten,
Und just im schönsten Augenblicke
Zerschneiden wir die Drähte.

public ses monstres à face humaine, révèle le jeu compliqué de leurs muscles et de leurs passions, allume tour à tour dans leurs regards l'envie, la colère, le désespoir ou l'amour, les oblige à ramper dans la boue ou à bondir vers la lumière....

— *Hereinspazieren in die Menagerie !*

Pour allécher la curiosité des badauds, le poète-pitre souleva la toile et présenta au public la plus belle pièce de sa collection, son héroïne, une longue fille souple en maillot collant, outrageusement fardée, qu'il appelait son serpent et caressait doucement du manche de son fouet....

Beaucoup d'années ont coulé sur ces jours de soleil et de jeunesse. Frank Wedekind a joué des coudes et fait son chemin, comme la plupart de mes compagnons. Nos grands enthousiasmes d'antan ont eu le sort de ces ballons rouges qui dansent au bout d'un fil dans la main des gamins innocents. D'abord archi-gonflés, de couleurs vives, pleins de force et d'élan, ils veulent monter toujours plus haut. Puis ils se vident, leur peau se ratatine ils redescendent peu à peu et meurent d'inanition sur le sol, petits cadavres lamentables, flasques et noircis.

Depuis, j'ai parcouru constamment l'Europe centrale, j'ai pénétré dans les différents milieux littéraires et artistiques de l'Allemagne, j'ai fréquenté les écrivains, les musiciens, les peintres, les acteurs, les virtuoses, tout le monde tapageur des « m'as-tu vu », des « m'as-tu lu », des « m'as-tu entendu ». Débarassé des lunettes roses de l'adolescence, mûri par la dure expérience, j'ai suivi leurs folles randonnées vers le succès, vers la renommée, vers l'argent, vers les honneurs ; j'ai noté leurs travers, leurs infamies, leurs passions réelles ou feintes, les multiples manifestations de leur égoïsme et de leur ambition. Ils sont bien tous, ces enfants intelligents de l'Allemagne moderne, les produits artificiels et violents d'une société fraîchement parvenue, pauvre de traditions mais riche en appétits, incapable de comprendre les subtilités ataviques du tact, de l'harmonie, de la mesure. Ils exagèrent en tout ; c'est pourquoi ils s'accommodent si facilement de la lourdeur de leur architecture et de leur cuisine. Ils souffrent d'une erreur perpétuelle d'optique. Ils prennent l'obésité pour de la force, l'obscurité pour de la profondeur, le verbiage pour de la fantaisie, la sentimentalité pour du cœur, le «kolossal» pour du sublime, l'organisation et la discipline pour de la culture, la cruauté pour du courage et le talent pour du génie. S'ils sont parfois amusants, c'est souvent à leur insu et à leurs dépens...

Voilà pourquoi je me rappelle, au début de ces pages, la tunique à brandebourgs et les bottes à revers de Frank Wedekind, sa cravache et son revolver, sa femme-serpent, sa ménagerie symbolique, son apostrophe au public :

— *Hereinspazieren in die Ménagerie !*

J'y suis entré ; j'ai vu.

Vers 1900, parut à Munich une revue littéraire moderne, *die Insel* (l'Ile) dont le premier numéro, édité avec un grand raffinement de luxe, fut très remarqué. Imprimé sur papier de Hollande, ce périodique dont les marges étaient ornées de vignettes sur bois, gravées par les illustrateurs les plus célèbres d'Allemagne, entre autres par Hugo Vogeler, de Worpswede[1], comptait au nombre de ses collaborateurs les noms les plus autorisés de la jeune littérature allemande: Hugo von Hoffmansthal, Arthur Schnitzler, Hermann Bahr, Frank Wedekind, Herbert Eulenberg, Franz Blei, Hermann Hesse, Max Dauthendey, Paul Scheerbart, Emmanuel von Bodmann, Gustav Falke, Richard Dehmel, Detlev von Liliencron, Richard Schaukal, Léo Greiner, Max Brod, Carl Sternheim, etc.

Disposant de gros capitaux, cette entreprise exerça non seulement une très grande influence sur le mouvement néo-

---

[1] Worpswede est un village pittoresque de la campagne brêmoise où s'est fixée toute une colonie de peintres, comme chez nous Barbizon ou Pont-Aven.

romantique, mais encore elle révolutionna l'art du livre. Ses merveilleuses éditions furent très recherchées des bibliophiles. Les fondateurs et les directeurs de l'*Insel* étaient le poète Otto-Julius Bierbaum et Alfred-Walther Heymel, un jeune inconnu de vingt-cinq ans qu'une aventure romanesque avait rendu fabuleusement riche.

Deux vieux bourgeois de Brême, retirés des affaires après fortune faite, éprouvèrent sur le tard l'angoisse de la solitude et le besoin d'adopter un enfant, pour donner à leur existence un but plus précis. Comme ils n'avaient ni parents, ni famille, ils insérèrent une annonce dans la *Frankfurter Zeitung*. Une mère abandonnée et sans ressources leur céda son fils. C'est ainsi que le petit Walther Heymel trouva un foyer. Ses parents d'adoption l'élevèrent avec beaucoup de soin, puis ils moururent tous les deux, laissant au jeune homme la liberté et quinze millions.

Alfred-Walther Heymel, sans occupations bien arrêtées, se contentait d'écrire de mauvais vers. Il vint se fixer à Munich, où la vie est plus large et plus amusante qu'à Brême. Il fréquenta les cénacles littéraires et y rencontra Otto-Julius Bierbaum. Ce littérateur, dont la fécondité amusante ne dépassait guère les limites d'un talent médiocre, avait de gros appétits, ce qui le rendait très remuant. On l'appelait communément le *Totengräber* (le fossoyeur), parce qu'il excellait à enterrer promptement toutes les entreprises auxquelles il était mêlé, son unique souci étant de remplir ses poches. Il comprit tout de suite le parti qu'il pouvait tirer de la situation, en patronnant les ambitions littéraires du jeune millionnaire. Il le convainquit de la nécessité de fonder une nouvelle revue qui rallierait toute l'élite littéraire de l'Allemagne. Il offrit son appui, ses relations et ses lumières. Il devint ainsi le co-directeur de l'*Insel*, aux appointements de 20 000 marks par an, avec un contrat en bonne et dûe forme pour cinq ans. Fort de sa notoriété et de son expérience, il eut vite fait de reléguer son associé au deuxième plan, confisqua toute l'autorité à son profit, distribua les faveurs et l'argent, dilapida joyeusement les écus du jeune homme.

Alfred-Walther Heymel loua un appartement princier dans la *Leopoldstrasse*, près du *Siegesthor*, le quartier le plus riche de Munich. De fameux artistes-décorateurs lui dessinèrent son mobilier. Les bibelots les plus précieux, les étoffes les plus rares, les tableaux les plus remarquables s'entassèrent dans ses salons. Il eut automobile, équipages, attelage à la Daumont, donna des fêtes splendides, promena son dandysme dans les restaurants les plus élégants, toujours suivi d'une foule intéressée de courtisans. Un poète, protégé par Bierbaum, était-il trop outrageusement pauvre ? on lui faisait une rente. Un panier percé talentueux avait-il des dettes trop criardes ? Walther Heymel remettait ses affaires en état. Ce fut une époque délicieuse à Munich pour tous les parasites, pour tous les aigrefins, pour tous les snobs de littérature et d'art. Le champagne et l'or coulaient à flot. Cela dura cinq ou six ans. Walther Heymel, forcé de liquider, arrêta tous les frais pour éviter la ruine. Le fait d'avoir publié ses mauvaises poésies sur du papier vergé, en compagnie de noms célèbres, lui coûtait près de huit millions. Il se retira dans ses terres aux environs de Brême, et troqua la littérature pour l'élevage en grand. Le reste de sa fortune y passa.

Otto-Julius Bierbaum ne garda aucune reconnaissance à son jeune bienfaiteur. Furieux, au contraire, de n'avoir pu renouveler son contrat, il écrivit un roman, *der Prinz Kuckuck* (le prince Coucou), où il vilipenda son ancien associé, se gaussa de sa naïveté, de son manque de talent, de ses allures de parvenu, de sa naissance [1] et de sa fortune diminuée.

---

[1] A.-W. Heymel aimait à faire croire à son entourage qu'il était le frère bâtard d'un souverain, auquel il ressemblait, d'ailleurs, de façon frappante.

Cependant quelques poètes intègres, absorbés par leur **rêve** intérieur, dénués d'ambitions mondaines, sans autre orgueil que leur talent, sans autre appétit que leur idéal, passèrent à côté de cette pluie d'or et dédaignèrent de tendre la main.

J'en connais un, Ludwig Scharf, l'auteur des *Tschandala-Lieder* [1] dont l'âme était sereine et pleine de clarté. A l'heure actuelle, il doit souffrir en silence, comme il a souffert toute sa vie de l'injustice, de la laideur et du mensonge humains. Son nom n'a pas franchi les frontières. En Allemagne, il tient une place honorable dans les anthologies et ses vers sont goûtés de quelques esprits cultivés. Il est pauvre, très pauvre, mais il porte sa misère avec noblesse.

La personne qui me le présenta, il y a quelque dix-huit ans, avait fait sa connaissance dans d'étranges circonstances. Ludwig Scharf, réfugié à Zurich pour fuir les rigueurs de la loi — il était inculpé de crime de lèse-majesté — venait de rentrer à Munich. Solitaire et silencieux, il aimait à fréquenter chaque soir les petits *Weinrestaurants* où l'on boit le vin léger du Tyrol, les coudes sur une table de bois grossier. L'architecte Langheinrich l'y rencontra. Ils échangèrent quelques paroles. Une sympathie subite rapprocha ces deux hommes. Ludwig Scharf avait une physionomie remarquable. Son visage bronzé était encadré d'une barbe d'ébène ; sa chevelure abondante et sombre retombait en boucles lourdes sur ses tempes et faisait ressortir l'ampleur de son front. Au milieu de sa face émaciée brillaient, entourés de longs cils soyeux, deux yeux démesurés, d'une intensité lumineuse presque insoutenable. Son regard profond et velouté se posait sur vous comme une caresse, et vous remuait jusqu'au fond de l'âme. Rien n'était plus expressif que ce visage, illuminé d'une flamme intérieure. Il parlait peu, mais son organe avait des inflexions

---

[1] Poèmes du Tschandala. Le Tschandala est la résignation fataliste hindoue.

chaudes qui donnait à chacune de ses courtes phrases un charme persuasif.

Les deux hommes s'entretinrent longtemps et tard, en vidant de nombreux carafons de vin. Quand le cabaret ferma, ils sortirent dans la rue noire et déserte. Ludwig Scharf, qui semblait atteint de claudication, avait encore un long chemin à faire pour rentrer chez lui. Comme il n'avançait qu'avec peine, son compagnon, qui demeurait dans le voisinage, l'invita à monter voir son atelier.

Il lui fit les honneurs de son *home*, alla chercher des cigares et une bouteille de vin du Rhin. Tous deux se remirent à causer, jusqu'à ce que le poète fatigué s'endormit, sous l'influence de la boisson. Il était étendu sur un divan. Langheinrich, ému lui-même par les libations, eut la malencontreuse idée de vouloir ôter à son ami ses souliers, afin qu'il reposât mieux, à l'abri d'une couverture moelleuse. La première botte vint sans peine ; la seconde résista. Il tira plus fort, sans résultat. Il redoubla d'efforts.... Brusquement la botte céda ; il tomba à la renverse, les yeux agrandis par l'épouvante. Toute la jambe avait suivi le soulier récalcitrant, une jambe étrange, inerte, d'où pendillaient des courroies de cuir. « J'ai tué un poète ! » pensa le pauvre architecte abasourdi, en considérant tour à tour le pantalon flasque et vide du dormeur et le membre fantastique qu'il tenait à la main. Enfin, la raison lui revint ; il comprit. Ludwig Scharf avait une jambe artificielle.

Il avait perdu la sienne à dix-sept ans dans une explosion de grisou. Il avait travaillé dans une mine, et c'est surtout l'âme des humbles qu'il chantait dans ses vers. Jamais je n'oublierai le premier soir où je l'écoutai. Nous l'avions prié de nous réciter quelque chose. Il se leva, appuya ses mains sur le dossier d'une chaise, l'épaule gauche un peu relevée, la tête légèrement penchée en avant. Une lampe suspendue au plafond allumait des reflets fauves dans sa chevelure noire et nimbait d'or son visage austère. Ses grands yeux intenses flambaient comme deux bûchers. Sa bouche crispée laissa siffler les phrases en tons assourdis dans le silence attentif.

« PROLES SUM ! »

Je suis un prolétaire ; parmi les bêtes humaines
J'occupe la place la plus basse.
Je suis un prolétaire. Est-ce ma faute à moi,
Si je ne suis pas l'ornement de vos rues ?

Je vis perpétuellement au jour le jour,
Je porte ce que je gagne au fond de la poche.
Je ne dois pas penser : cela, c'est ma santé.
Pour m'étourdir, j'ai la bouteille.

Je suis un prolétaire. Est-ce ma faute à moi ?
Cependant il y en a des millions qui me ressemblent.
Cela me console, quand le besoin est à ma porte ;
Cela me console, quand je m'épuise au travail.

Nous n'avons pas de maison, nous n'avons pas de bien.
Nous n'avons rien que nos deux poings,
Couverts de durillons, bons pour la corvée.
Nous ne savons presque rien des choses de l'esprit.

Nous sommes une race misérable,
Venue au monde pour courber la nuque.
A juste titre nous portons notre nom :
Nous ne sommes ici-bas que pour procréer.

On nous a pourvus de semence féconde,
Pour nous reproduire par millions,
Afin que vous, les gens d'en haut, vous ayiez les mains
Qui vous nourrissent commodément.

Nous ne pensons pas, nous ne pensons plus
Que nous pourrions vous assommer...
Silencieux, nous traînons nos fardeaux vers le haut de la montagne.
Ah ! oui, nous savons porter les fardeaux.

Nous sommes peut-être une race dégradée.
Jamais plus nous ne pourrons agir virilement.
On peut sans remords, au char du Temps,
Nous atteler comme bétail-de-trait de l'Avenir[1].

Quelques années plus tard, j'assistai avec Ludwig Scharf

[1] Ich bin ein Prolet; vom Menschengetier
Bin ich bei der untersten Klasse.

à une soirée donnée par Danny Gürtler. A la fois acteur et poète, doué d'une voix tonitruante qui faisait trembler les murs et les plafonds, ce Danny Gürtler était un type extraordinaire, une sorte de baladin médiéval. Il s'intitulait *der letzte der Romantiker* (le dernier romantique) et ne se montrait qu'enveloppé dans les larges plis d'une cape espagnole, portant une chemise rouge et coiffé d'un chapeau à larges bords. Dans chaque ville, avant la représentation, il parcourait les rues à cheval, en soufflant des fanfares dans une trompette de cuivre ; il ameutait ainsi la population, lui adressait des harangues enflammées, jouait tour à tour du mysticisme, du patriotisme et du cynisme, se donnait pour le défenseur des

Ich bin ein Prolet ; wass kann ich dafür,
Wenn ich kein Zier eurer Gasse ?

Ich lebe stets von der Hand in den Mund,
Trag' was ich verdien' in der Tasche.
Ich darf nicht denken ; das macht mich gesund.
Zur Betäubung dient mir die Flasche.

Ich bin ein Prolet ; wass kann ich dafür ?
Doch giebt es mir gleich Millionen.
Das tröstet mich, wenn die Noth vor der Thür ;
Das tröstet mich, beim Frohnen.

Wir haben kein Haus, wir haben kein Gut,
Wir haben nichts als Fäuste,
Mit Schwielen bedeckt, zum Frohndienst gut ;
Wir wissen nicht viel vom Geiste.

Wir sind ein erbärmliches Geschlecht,
Geboren den Nacken zu beugen.
Wir führen unseren Namen mit Recht :
Wir sind nur da um zu zeugen.

Mit Samensträngen sind wir begabt,
Millionenfach uns zu vermehren,
Dass Ihr, Obern, Ihr die Hände habt,
Die euch gemächlich ernähren.

Wir denken, denken nicht mehr daran,
Dass wir könnten euch erschlagen.
Still ziehen wir unsere Lasten bergan.
Wir können ja Lasten tragen.

Wir sind vielleicht ein ek'les Gechlecht
Und werden uns nie ermannen.
Man kann uns getrost an den Wagen der Zeit
Als Zugvieh der Zukunft spannen.

humbles, le redresseur de tous les torts, l'apôtre de la liberté. Il enflait sa voix formidable pour déclarer aux badauds qu'il n'y avait en Allemagne que deux individus vraiment intéressants : lui et l'empereur.

Quand il posait le pied sur les planches, il ne cessait pas un seul instant de se démener, de hurler, de sangloter, de rire ou de roucouler. La sueur lui noyait le visage. Il invectivait le public et le flattait aussitôt après ; il jouait avec la salle comme un dompteur avec ses fauves. Il entremêlait ses monologues et ses récitations de remarques saugrenues ; il prenait à partie quelque timide spectateur, à la grande joie des autres. Lorsqu'il avait fini de dire quelque poème tragique et qu'il sentait l'auditoire remué, il étendait brusquement la main et déclarait, en abandonnant le ton pathétique :

— Silence. Pas d'applaudissements. Vous n'avez pas compris. Ce qu'il vous faut, ce sont des grivoiseries.

Il narrait aussitôt une anecdote croustilleuse. Les gens s'esclaffaient ; il leur tirait la langue. Il soufflait dans sa trompette qu'il ne lâchait jamais, criait : *Stimmung*, vocable intraduisible qui symbolise le diapason des âmes dans l'émotion ou dans la joie, puis il passait sans transition à d'autres exercices. Il était si plein de vie, si débordant de tempérament et de force, qu'après avoir failli être hué ou lapidé, il emportait le succès de haute lutte. Quand le rideau tombait, le public, secoué, tiraillé, gagné malgré lui, applaudissait à tout rompre. Il apparaissait alors dans la salle, promenait sa carrure d'athlète et sa tête chevelue au milieu du parterre, vendait son volume de vers, interpellait les jolies femmes, forçait les porte-monnaies les plus rebelles et disparaissait enfin, exténué. A ce métier fatigant il gagnait une fortune. C'était un cabotin génial et roublard.

Ses poésies étaient insoutenables à la lecture. L'idée seule en était bonne ; elle n'était jamais de lui. Il prenait dans Guy de Maupassant, Gorki, Kipling, Poë, partout où il pouvait, les situations les plus fortes et les mettait en vers. Il signait de son nom ces adroits plagiats.

Quand nous entrâmes dans la salle où Danny Gürtler officiait, le baladin soufflait dans sa trompette. Il cria : *Stimmung*, rejeta sa crinière sur ses épaules d'un geste puissant, avança sa face léonine et annonça :

— Quelque chose de moi ! La *Chanson de l'ouvrier*, poème social.

Il fit une pause et commença :

> *Ich bin ein Arbeiter ; vom Menschengetier*
> *Bin ich bei der untersten Klasse....*

C'était le poème de Ludwig Scharf. Seulement il avait remplacé les mots rébarbatifs et de désinence étrangère, *Proles sum, Prolet*, etc., par des termes plus usuels, afin de mettre la chose à la portée de tous.

Je regardai mon compagnon à la dérobée ; ses lèvres tremblaient, son regard était brouillé. Pauvre poète volé, il assistait au triomphe de ses vers que traduisait merveilleusement, du reste, le verbe sonore du comédien.

Quand la pièce fut terminée, le public ému voulut marquer son enthousiasme. Danny Gürtler endigua d'un geste les velléités tumultueuses des auditeurs.

— Silence ! Pas d'applaudissements !

Ludwig Scharf s'était dressé, frémissant,

— Ces vers sont de moi, — cria-t-il.

Tout le monde se retourna vers nous. Danny Gürtler fouilla la salle des yeux, aperçut la silhouette du poète, secoua le chef avec noblesse et laissa tomber, la voix grave :

— *Ja, ja, liebster Scharf, sie sind* auch *von Dir*. (Oui, oui, très cher Scharf, ils sont *aussi* de toi.)

Et le public, qui ne savait pas, se mit à rire devant la mine déconfite de mon compagnon [1].

* * *

Les exemples d'indélicatesse littéraire fourmillent en Allemagne. Le désir de parvenir trop vite enlève à beaucoup d'écrivains tout scrupule sur le choix des moyens.

Wilhelm Bölsche, ami intime de Gerhardt Hauptmann, originaire comme lui de Silésie [2], se tailla une grande réputation, en publiant il y a quelque vingt ans un ouvrage intitulé *das Liebesleben in der Natur* (La Vie amoureuse dans la Nature). Il y analysait les mœurs des bêtes et des insectes. Il organisa sur le même sujet une tournée fructueuse de conférences, illustrées de projections lumineuses. Or, Wilhelm Bölsche n'a fait que démarquer, en majeure partie, notre entomologiste Fabre, peu connu alors en Allemagne. Il ne s'est trouvé personne pour lui reprocher ce plagiat éhonté, grâce auquel il fonda sa renommée. Il est vrai que Fabre est Français !...

Il y a quelques années, à Berlin, un critique dramatique, dont les comptes-rendus faisaient autorité, fut publiquement démasqué. En furetant dans de vieux journaux, un de ses confrères découvrit que Siegfried Jacobsohn — ainsi s'appelait ce critique — avait textuellement recopié les passages marquants d'articles dus à la plume d'un écrivain mort dans l'oubli. C'était là qu'il puisait ses jugements si écoutés sur Ibsen, Strindberg, Shakespeare et les classiques français. Le plus drôle de l'histoire, c'est que Siegfried Jacobsohn, après

---

[1] Quelques années avant la guerre, Danny Gürtler, qui jouait à l'agitateur, et créait des difficultés à la police et à la censure, disparut subitement. On apprit qu'il avait terminé sa carrière dans un asile d'aliénés.

[2] Encore actuellement il habite avec Gerhardt et Karl Hauptmann et Werner Sombart le village de Schreiberhau, dans les *Riesengebirge*, à la frontière de Bohême.

un plongeon de courte durée, retrouva bientôt sa situation et son influence.

L'utilitarisme teuton a fait de la carrière des lettres un vrai métier, dans le sens le plus vulgaire du mot. Quiconque noircit du papier veut en vivre. Jamais on ne rencontre des gens qui partagent leur vie entre deux occupations, l'une rémunératrice, petit emploi modeste destiné à assurer le pain quotidien, l'autre purement idéale, le travail littéraire. Peut-être lit-on davantage chez nos voisins ? En tous cas, leurs éditeurs, leurs revues, leurs journaux payent mieux que les nôtres. Bien entendu, là comme partout ailleurs, le talent et le savoir-faire ne déterminent pas toujours le succès. Il y a des poètes de valeur qui végètent, et des nullités qui s'enrichissent ; mais on rencontre un peu partout, dans ces milieux, un esprit pratique assez étranger à notre idéalisme latin. On s'aperçoit même que quelques individus notoires ne sont écrivains que de nom, et gagnent cependant beaucoup plus que s'ils écrivaient véritablement. Je vais en citer un exemple.

Fritz Schlömp, à peine âgé de vingt-cinq ans, quitta l'université avec la ferme résolution de s'adonner à la littérature. Il ne possédait aucune imagination, aucun talent. Cela ne l'embarrassa guère. Il avait remarqué la vogue dont jouissent auprès du public les calembours et les soi-disant mots d'esprit qui émaillent les feuilles satiriques, en caractères gras, afin que tout le monde s'y arrête. L'Allemand a besoin de prendre son temps pour comprendre une plaisanterie, mais quand il en a pénétré le sens, il l'absorbe goulûment et ne manque pas une occasion de la ruminer en public. Il suffit de voyager à travers l'empire pour constater cette fâcheuse aptitude des habitants à débiter des bons mots appris par cœur.

Fritz Schlömp se mit à découper dans les collections des *Fliegende Blätter, Meggendorfer Blätter, Lustige Blätter,* etc. les farces anonymes qui lui parurent les mieux réussies. Il les colla sur de grandes feuilles de papier écolier, numérota les pages, se creusa la tête pour trouver un titre original et porta cet ouvrage où la colle était le seul ingrédient qu'il eût personnellement fourni, chez quelques éditeurs en vue. Ses démarches ne furent pas longues ; il trouva preneur à des conditions avantageuses. Le premier recueil parut. D'autres suivirent à intervalles fixes ; non point, comme vous seriez tentés de le croire, de simples brochures à bon marché, faites pour amuser la plèbe, mais de bons livres cartonnés, illustrés, imprimés avec soin, vendus 3 marks, tirant à 25 000, s'appelant *Die lachende Erdballe* (la Sphère terrestre riante), *Die meschuggene Ente* (le Canard maboule), *Der gekitzelte Aesculap* (l'Esculape chatouillé), le tout : *herausgegeben von Fritz Schlömp* (publié par Fritz Schlömp). Voilà notre homme écrivain consacré.

L'appétit vient en mangeant. Fritz Schlömp quitta vite la calembredaine pour la haute littérature. Il ne changea ni sa méthode ni ses accessoires : le pot de colle et la païre de ciseaux. Il publia d'abord : *Zwölf Gespenstergeschichten* (Douze histoires de fantômes). Pour cela, il découpa les meilleures nouvelles dans les ouvrages de Kipling, Poë, Hoffmann, Guy de Maupassant, etc. D'autres livres suivirent ; *Die besten Jagdgeschichten* (Les meilleures histoires de chasse) ; *Die schönsten Liebeserzählungen* (Les plus belles histoires d'amour), toujours *herausgegeben von Fritz Schlömp*. Il priait humblement un confrère connu d'écrire une préface — payée par l'éditeur — ce qui lui permettait d'imprimer au-dessous de son nom, *mit einem Vorwort von...* (avec une préface de ...). Il consacrait ainsi sa renommée, augmentait son tirage et ses revenus.

N'allez pas vous imaginer qu'il fût le seul. Maximilian Bern, qui s'intitulait poète, n'avait d'autre titre à cette appellation flatteuse que la paternité d'une anthologie moderne «légère», où il avait adjoint à un seul sonnet de son crû cent poèmes des contemporains les plus réputés. Il est **vrai** que son livre s'appelait *Die elfte Muse* (La onzième muse), et il me le confiait un soir en toute sincérité : « Vois-tu, mon cher, le titre, c'est tout.[1] »

Certes, il existe des écrivains et des poètes en Allemagne qui savent mieux faire que d'exploiter un titre. Il serait enfantin de nier le talent et l'originalité de certains d'entre eux. Je tiens simplement à souligner le côté factice de leur activité, leur amour immodéré de la réclame, leur conception trop «américaine» de la lutte pour la vie. Dans ce pays neuf, dont la culture intensive est en grande partie artificielle, aucune tradition bien enracinée ne fait échec aux outrances du modernisme et ne tempère instinctivement, comme c'est le cas chez nous, les débordements de la mode. Plus l'Allemand exagère, plus il se croit intéressant, plus il s'imagine faire preuve d'indépendance et d'originalité.

Il est clair que dans les milieux intellectuels ce défaut de mesure entraîne avec lui des ridicules qui ne peuvent se rencontrer qu'en Allemagne.

La plupart du temps, quand un écrivain a quelque talent, il le débite en tranches, avec tant de rapidité et d'insistance que le lecteur français en serait vite fatigué. Les estomacs allemands sont plus solides. Pour satisfaire cette fringale nationale, l'homme de lettres devient une sorte d'industriel, qui fabrique à la grosse tout ce qu'on veut et place sa marchandise avec la dextérité consommée d'un commis voyageur. Il pratique, en outre, la réclame la plus éhontée avec un flegme déconcertant.

Roda-Roda, ancien officier autrichien, quitta l'armée pour

[1] Le même Maximilian Bern vient de publier un recueil de chansons patriotiques et guerrières sous le titre ronflant et « actuel » : *Deutschland über alles!*

la littérature et devint humoriste de profession. Comme il voulait gagner beaucoup d'argent, il s'installa sur un grand pied, engagea deux secrétaires et six demoiselles dactylographes, dicta toute la journée ses élucubrations — fort amusantes, du reste, — catalogua ses œuvres et répertoria par ordre alphabétique ses plaisanteries, pour éviter les redites involontaires. Il prit l'habitude de voyager lui-même, afin de vendre ses produits. Il s'était fait construire une valise à échantillons. Ses nouvelles, ses esquisses, ses dialogues soigneusement recouverts de chemises vertes, étaient classés dans des compartiments pratiques, par ordre de grandeur et par sujets. Il entrait dans les rédactions, ouvrait sa valise, souriait d'un air engageant et demandait :

— *Mein Name ist Roda-Roda. Haben Sie keinen Bedarf ?* (Je m'appelle Roda-Roda. Vous n'avez besoin de rien ?)

Puis, insistant poliment, il présentait quelques manuscrits :

— Une blague militaire, 300 lignes, 100 marks ?

Ou bien :

— Une petite histoire drôlatique, 250 lignes, 80 marks ?

Grâce à sa ténacité et à ses manières originales, il écoulait partout sa marchandise. On ne pouvait plus ouvrir un périodique, un quotidien, sans y trouver le nom de Roda-Roda. Il s'était fait faire des cartes illustrées *(Ansichtspostkarte)* qu'il envoyait à tout le monde. Elles représentaient une vue de Munich, où il habitait. Sur deux ou trois pignons de maisons, au premier plan, s'inscrivait en lettres géantes: *Roda-Rodas Novellen sind die besten* (Les nouvelles de Roda-Roda sont les meilleures), tout comme s'il se fût agi d'une marque de moutarde.

Ne retrouve-t-on pas dans cette anecdote la hantise des affiches lumineuses qui scintillent chaque soir aux frontons des édifices berlinois en arabesques violentes et inattendues, avec une profusion que ne connaîtra jamais Paris ?

Je me souviens d'une promenade nocturne le long de la *Friedrichsstrasse*. Par instants, la foule des promeneurs s'espaçait et laissait un coin de macadam à peu près vierge ; vite, un projecteur invisible y lançait du haut d'un toit une bête apocalyptique : une salamandre, un crocodile, une licorne, un tigre. Le monstre énorme grimaçait à terre, les membres convulsés, et la foule refluait instinctivement. Profitant de ce court répit, l'opérateur lointain remplaçait l'horrible apparition par une annonce anodine que lisaient avec soulagement les yeux avides. Puis, tout s'effaçait, le sol reprenait son apparence grise et lisse, sous le clignotement des lampes à arc ; la foule rassurée continuait sa course interrompue.

Je me trouvais un soir au *Kaffee Princess* avec Hans Heinz Evers. Le *Kellner* vint nous prévenir qu'on nous réclamait au téléphone. Un ingénieur de nos amis nous priait de venir immédiatement le rejoindre à la terrasse de *Halensee*, vaste parc où les dimanches après-midi s'entassent les bourgeois désœuvrés pour absorber le café au lait et les *Sandkuchen* traditionnels. Nous partîmes, intrigués.

Il s'agissait d'une excursion en dirigeable. Le ballon, construit par l'A. E. G. [1] allait faire ce soir-là sa première sortie. Nous prîmes place dans la nacelle avec une dizaine de personnes. L'aérostat s'éleva doucement dans l'air limpide et se mit à glisser au-dessus de la ville, frôlant presque les

---

[1] *Allgemeine Elektrizitäts-Gesellschaft* (Société générale d'électricité). Cette société qui a monopolisé l'industrie électrique en Allemagne n'est pas inconnue en France. Elle s'y était installée avant la guerre. Sa marque de fabrique, les trois lettres A. E. G., s'étalait le long de nos murailles avec orgueil. Il est vrai qu'elle cachait prudemment son origine pour ne pas effaroucher sa nouvelle clientèle et quand quelque personne renseignée émettait la prétention de lire ces trois fameuses lettres comme elles devaient être lues, les directeurs parisiens de l'entreprise répondaient froidement qu'il y avait erreur et que « A. E. G. » désignait simplement les « Anciens Établissements Guimard » qu'ils avaient achetés, du reste.

toits. Nous apercevions au-dessous de nous l'alignement lumineux des grandes artères, les façades brillamment éclairées des lieux de plaisirs, le grouillement de la foule, le raccourci grotesque des flâneurs, qui se fatiguaient le cou à fouiller le ciel, pour savoir d'où venait le ronflement du moteur. Brusquement, je fus aveuglé par un jet de lumière; notre nacelle étincela; des lampes électriques de couleur se mirent à flamboyer le long de la carcasse du navire aérien, tandis qu'une pluie de prospectus coloriés tombait lentement sur les citadins. Le dirigeable était un nouveau mode de réclame; il promenait au-dessus de la métropole, dans une apothéose de feux de bengale, le dernier succès théâtral, la meilleure cigarette égyptienne, le titre du roman le plus en vogue.

Tel est Berlin, la capitale ultra-moderne, où le mauvais goût prend des proportions épiques et des allures de cauchemar.

* * *

« Faire sensation » est le but inavoué de tout ceux qui retiennent à un degré quelconque l'attention publique. Les incontinences de langage de l'empereur, ses volte-faces inattendues, ses incohérences politiques, les travestissements grotesques qu'il promena à travers le monde, du cap Nord à Jérusalem, sont autant de manifestations précises de la mentalité allemande moderne. L'exemple du comédien couronné est religieusement suivi par tous ses sujets dans tous les domaines. Chacun s'efforce de surpasser le voisin pour mieux « épater » la galerie. C'est bien la foire aux vanités, où l'ambition se vêt de paillettes scintillantes, où le talent lui-même tient à parader bruyamment sur des tréteaux d'emprunt.

Si le personnage est encore peu notoire, il crie, tout seul, aussi fort qu'il peut, afin d'ameuter l'opinion publique. Mais quand il a déjà le succès pour lui, il possède naturellement un orchestre ; la séquelle de ses clients et de ses courtisans se range dans son ombre. Ce sont eux qui font dans leurs trompettes et sur leur grosse caisse un vacarme étourdissant.

Vers 1908, Weingartner, *Hofkapellmeister* à Berlin, fut appelé à Vienne pour y diriger l'opéra. Il rompit le contrat qu'il avait avec l'intendance du roi de Prusse et fut condamné à payer un fort dédit. Son règne, à Vienne, fut de courte durée. L'intérêt excessif qu'il portait à une chanteuse sans talent le rendit assez vite impopulaire. Il dut quitter son nouveau poste. Weingartner a des qualités indéniables, comme chef d'orchestre ; on voulut le faire revenir à Berlin pour y diriger une suite de concerts symphoniques. Malheureusement, le jugement du tribunal qui l'avait jadis condamné lui interdisait d'exercer, pendant une durée de dix années, à Berlin et dans un rayon de vingt-cinq kilomètres ses fonctions de *kapellmeister*.

Un impresario loua une grande salle de concert à Fürstenwald, petite bourgade obscure sise à vingt-six kilomètres de Berlin. On installa un service d'express : vingt minutes pour aller, vingt minutes pour revenir. Le montant du parcours en chemin de fer était compris dans le prix du billet de concert. Une réclame grand style prépara le public. Les six concerts symphoniques eurent un succès prodigieux ; tout le Berlin élégant fit le pèlerinage de Fürstenwald et alla ovationner le maître persécuté.

Le même «battage» prétentieux salua l'avènement des dernières œuvres de Richard Strauss. La vogue exagérée de ce compositeur avait débuté avec les premières de *Salomé* et du *Chevalier à la rose*. Il est intéressant de constater qu'auparavant il n'y avait pas pour lui d'injures assez fortes. Aucun musicien n'eut des débuts plus difficiles. Il avait alors du talent ; tant qu'il eut à lutter, il resta un artiste. Ce fut fini le jour où il régna en maître incontesté. La presse fut mobilisée pour lui. Aussitôt qu'il avait accepté un nouveau livret, les journaux publiaient quotidiennement des entrefilets sur l'œuvre entreprise, risquaient des indiscrétions sur le sujet, rapportaient des lambeaux d'interwiew. Dix ou douze mois durant, le nom de Richard Strauss remplissait le feuilleton des grands quotidiens. On prophétisait un chef-d'œuvre, on tenait les lecteurs au courant de tous les clous inédits du futur opéra : le demi-dieu venait d'inventer un nouvel instrument pour obtenir un effet spécial ; on citait le nom des peintres qui dessinaient les costumes, on discutait interminablement sur la distribution des rôles, sur les ténors et les cantatrices qui auraient l'honneur inoubliable d'interpréter la pensée du maître, sur le directeur de théâtre qui, à prix d'or, avait acquis le droit de la première représentation. On entassait les anecdotes suggestives, on mobilisait des érudits.... Ce byzantinisme me donna souvent des nausées, mais je riais sous cape quand la montagne accouchait d'une souris, quand, après tant de bruit, le public stupéfié pouvait ouïr, par exemple, *Ariadne auf Naxos*.

Le *Simplicissimus* n'avait pas manqué de ridiculiser cette adulation préventive. *Strauss* veut dire «autruche». Olaf Gulbransson représenta le compositeur sous les traits de cet oiseau exotique. Les directeurs de théâtre et les augures de la mode musicale sondaient le volatile, cherchaient à l'aide de longues-vues à apercevoir le nouvel œuf qu'il allait pondre et quand cet œuf, couronné de laurier, tombait enfin à terre, la basse-cour des journalistes, des *Herr Professor*, caquetait à plein gosier, tandis que des coqs à face humaine, perchés sur des tas de fumier, annonçaient au monde la merveille.

Dans beaucoup de cas, cependant, les artistes sont devenus malgré eux les héros de cette réclame à outrance. En effet, les mœurs artistiques de l'Allemagne moderne sont en grande partie régies par les impresarios qui pullulent dans les grands centres. Ces individus remuants et sans scrupules sont toujours à l'affût de tout ce qui peut augmenter le rendement commercial d'une personnalité, de tous les scandales susceptibles d'exciter la curiosité du public payant ; ils les provoquent au besoin.

L'Allemagne est en Europe le pays où la célébrité est la plus lucrative. C'est une conséquence de la décentralisation, de l'autonomie des différents pays qui forment la Confédération. Chaque grande ville a ses journaux, ses revues, ses concerts, ses théâtres, sa vie artistique indépendante. Une pièce jouée avec grand succès à Berlin ou à Munich, par exemple, est immédiatement achetée par Cologne, Hambourg, Leipzig, Dresde, Kœnigsberg, Breslau, Posen, Nuremberg, Barmen-Elberfeld, Francfort, Dusseldorf, Vienne, Graz, Prague, Budapest, Hanovre, Stuttgart, Brême ; je ne cite ici que les villes d'au moins trois cent mille habitants. Il y en a une cinquantaine d'autres qui, pour ne pas être aussi populeuses, ne sont pas à dédaigner, telles Weimar, Darmstadt, Fribourg-en-Brisgau, Rostock, Lubeck, Danzig, Halle, Heidelberg, Mayence, Wiesbaden, Stettin, Chemnitz, etc., etc.

Chaque résidence royale ou grand-ducale possède son *Hoftheater* (théâtre de la cour) richement entretenu sur la cassette privée du monarque. Les théâtres municipaux des grands centres comme Dusseldorf, Cologne ou Leipzig, touchent des subventions annuelles qui varient entre 600 000 et 900 000 marks.

On voit d'ici le vaste champ ouvert à l'activité des impresarios, surtout si l'on ajoute aux pays austro-allemands les nations limitrophes où l'influence germanique grandissante avait progressivement monopolisé le théâtre et le concert, comme la Hollande, la Suisse allemande, les pays scandinaves, la Pologne, Petrograd et Londres eux-mêmes [1], enfin les Etats-Unis dont la population germano-américaine accueillait naturellement tout ce qui venait de la mère-patrie.

L'industrialisme de l'empire allemand, son essor rapide avaient une répercussion logique sur le domaine de la musique, de la littérature, du théâtre et des arts. On avait organisé l'amusement comme on avait organisé la vie sociale, financière et politique. Le bluff et la mégalomanie régnaient sur les planches, dans les salles de concert comme à la cour de Prusse, comme dans les chancelleries impériales ou dans l'hémicycle du Reichstag. L'âme nationale en était intoxiquée.

Avant la guerre, Moïssi, acteur chez Reinhardt, donnait des séances de récitation où les dames et les jeunes filles le couvraient littéralement de fleurs, et s'écrasaient à la fin pour venir toucher le bout de ses vêtements. Cet Italien qui, quelques années plus tôt, savait à peine prononcer l'allemand, était devenu l'idole de toute l'Allemagne et l'objet d'une admiration extravagante. Maintes fois, la police dut intervenir pour mettre fin à ces scènes scandaleuses [2].

Chaque ville d'Allemagne tenait à engager Caruso. Les places, grâce à un agiotage savamment préparé, atteignaient des prix fantastiques. On faisait chanter, en agitant tous les tam-tam de la réclame, la cantatrice Emma Destinn dans une cage aux lions, contre un cachet de 50 000 marks. L'impresario du

---

[1] Il y avait à Petrograd, chaque année, avant la guerre, une saison allemande très courue, au théâtre Michel. En outre, Max Rheinhardt y avait obtenu avec son ensemble un énorme succès, ainsi qu'à Moscou. A Londres, toute la saison musicale était accaparée par les Allemands. Rheinhardt, qui y avait été à maintes reprises, avait fini par y trouver des capitaux. C'est à Londres qu'il donna tous les soirs pendant un mois, devant des salles de plus de dix mille spectateurs le *Miracle* de Vollmöller, sorte de légende moyenageuse.

[2] Moïssi, qui est de race purement italienne, a renié sa patrie d'origine, Trieste. Il est devenu lieutenant de réserve dans l'armée allemande, grâce à la protection du Kronprinz avec lequel il est très lié. En Champagne, il lui tenait compagnie, le soir, au quartier-général et lui jouait sur la guitare des chansons allemandes, françaises et italiennes. Actuellement, Moïssi, qui était prisonnier en France, a été échangé.

virtuose Eugen d'Albert, pour remplir six fois pendant un hiver la salle de la Philharmonie à Berlin, qui contient près de cinq mille auditeurs, faisait narrer par les reporters les aventures matrimoniales du musicien, ses six mariages et ses cinq divorces, ce qui lui permettait de doubler le prix des places et de payer pour chacune des soirées 4000 marks à son fameux pianiste.

Un autre impresario célèbre, Grosz, lança Isadora Duncan d'une manière aussi originale. Il débarqua, un jour, avec la danseuse à Munich, où elle était totalement inconnue. La première soirée, annoncée à grand fracas, attira l'attention, car le rusé *manager* avait surtout insisté sur les costumes de l'artiste. La censure effrayée interdit la représentation. Grosz courut immédiatement dans toutes les rédactions, pour ameuter la presse. Il prit une voiture, y fit monter Isadora Duncan en costume léger, après l'avoir enveloppée dans un vaste manteau, et la conduisit dare-dare chez Franz Lenbach, chez Stuck et chez Kaulbach. La jeune femme dansa *au pied levé* devant ces trois sommités ; Grosz, leur glissant une feuille de papier sous la main les pria instamment de certifier que cette danse purement artistique n'avait rien d'offensant. Gagnés par la grâce de la danseuse et par la faconde de l'impresario, les maîtres signèrent la déclaration demandée ; les journaux la reproduisirent, et, comme la cour de Munich est très respectueuse de l'opinion de ses artistes, l'interdiction fut levée. La réclame n'en fut que plus formidable. Isadora Duncan fut, d'un seul coup, célèbre dans toute la Confédération germanique.

Grosz se plaisait à vaincre la difficulté. En se promenant dans les faubourgs de Budapest, sa ville natale, il entendit jouer du violon. Il s'arrêta, surpris, écouta, sonna à la porte d'une petite maison et demanda à la vieille femme qui l'introduisit le nom du violoniste. C'était le fils de cette femme, le jeune Vecsey, prodige encore inconnu. Il suffit d'une heure à l'impresario pour faire signer à la mère subjuguée un contrat, par lequel elle abandonnait complètement son fils à Grosz pendant une durée de deux ans moyennant une rente annuelle de 6000 couronnes. La première année, le *manager* empocha 80 000 couronnes, la seconde, 170 000. Le pauvre petit virtuose, inconscient et exploité, parcourut l'Europe en compagnie de sa mère et de son impresario. Sa grande distraction consistait à monter et à descendre perpétuellement en ascenseur dans les grands hôtels où il logeait. Il se liait intimement avec le *liftboy*. Un soir je pénétrai dans sa loge avant le concert ; je le trouvai occupé à jouer sur un coin de table avec des soldats de plomb qui le suivaient partout.

Ce besoin de faire sensation gagnait même le music-hall et le cirque. Le music-hall essayait d'arracher au théâtre et au concert les grandes vedettes en leur payant des honoraires qui allaient jusqu'à 25 000 marks par mois. Le cirque, sentant décliner son étoile depuis que Reinhardt y avait temporairement acclimaté la tragédie grecque, essayait de se moderniser, de « s'ennoblir », en jouant des pièces à prétentions littéraires et musicales, où les clowns, les chevaux et les bêtes exotiques devenaient les accessoires épisodiques d'une action tumultueuse et bigarrée.

Bonn, un acteur aimé de l'empereur, qu'une retentissante aventure amoureuse avait rendu célèbre [1], résolut un jour de surpasser Reinhardt. Il transporta Shakespeare au cirque, choisit une pièce où il pouvait évoluer au milieu du manège, revêtu d'une armure d'or, sur un cheval caparaçonné. Tous les acteurs qu'il engageait devaient connaître la haute école ; le reste importait peu. Des annonces bizarres parurent dans la

[1] Bonn, acteur au théâtre de la Cour à Munich, s'était enfui en enlevant une princesse bavaroise, une nièce du prince-régent. A Berlin, l'empereur lui avait donné la direction du *Berliner Theater* où il joua des pièces tirées des romans policiers de Conan Doyle, en collaboration avec son impérial mécène.

presse berlinoise : « On demande des jeunes acteurs qui soient bons écuyers. » Le clou de la représentation était une bataille où vingt-cinq chevaux descendaient des frises du cirque sur un plan incliné, semé d'arbres géants. Bonn s'y cassa la jambe. L'empire entier commenta ce haut fait et si l'art y gagna peu, la popularité du comédien s'en accrut considérablement.

Vers la même époque, je venais d'écrire, en collaboration avec Hanns Heinz Evers, une pièce dont l'action se déroulait aux Indes. Le propriétaire du cirque Schumann, *Herr Commissionsrat* Schumann, avait tenu à suivre le mouvement et à donner à son public quelque chose dans le goût du jour ; mais son intelligence obtuse de vieil écuyer le rendait incapable de comprendre nos intentions dramatiques. Il avait accepté notre drame, à cause de sa luxueuse mise en scène, et parce que l'idée de faire évoluer des éléphants à palanquins au premier acte, et de planter des ibis roses dans une vasque de marbre au troisième acte lui souriait infiniment. Toutefois, il tenait absolument à introduire une scène patriotique et un zeppelin au dernier tableau ! Je transmets fidèlement notre entretien, qui eut lieu dans le petit bureau de la direction, non loin des écuries au relent de crottin.

— Voyons, messieurs, je vous assure qu'un zeppelin ferait bien à l'apothéose ; c'est très populaire et très actuel.

— Sans doute, sans doute, mais nous ne voyons pas la possibilité d'introduire un dirigeable dans un conte des *Mille et une Nuits.*

— Je ne suis qu'un homme de cheval, moi ; je n'ai pas des idées comme vous ; je m'exprime mal, mais je connais mon public. Je vois très bien la chose d'ici, et, sans me permettre de vouloir vous en remontrer...

— Herr Rat, dites-nous franchement ce que vous avez imaginé.

— Eh bien, voilà. A la fin, les Anglais, qui sont aux Indes, n'est-ce pas, envoient un régiment de cipayes pour combattre le Maharadja. Vous trouverez bien un moyen d'expliquer la chose. Pendant la bataille le comte Zeppelin arrive dans son dirigeable. J'ai un truc épatant pour faire marcher le ballon...

— Oui, mais...

— Laissez-moi vous expliquer. On pourrait corser l'effet par une allégorie, en donnant, par exemple, au dirigeable les traits de la Germania. Elle ferait des agaceries au vieux Zeppelin, une sorte de pantomine, n'est-ce pas ? Dans sa nacelle, le vieux Zeppelin répondrait par des gestes, il lui montrerait sa barbe blanche : « Vois-tu, j'ai passé l'âge, je suis trop vieux. Ça ne va plus ». Le public s'amuserait. Alors la Germania émue embrasserait le vieillard au front. L'orchestre entonnerait le *Deutschland über alles* et le comte Zeppelin jetterait des bombes sur les Anglais qui seraient vaincus...

Je jure ici, comme on le fait solennellement au tribunal, de dire la vérité, rien que la vérité, si extravagante qu'elle puisse paraître au lecteur. Cet entretien entre un directeur de cirque berlinois et deux écrivains, dont l'un était Français, est textuel. Nous eûmes toutes les peines du monde à dissuader Herr Schumann. Cette conversation suggestive prouve, en tout cas, que deux ans avant la guerre, on envisageait déjà avec quelque plaisir, à Berlin, la possibilité d'arroser les Anglais avec des bombes lancées d'un zeppelin.

J'allais oublier le cinématographe. Lui aussi s'enflait démesurément, telle la grenouille qui veut égaler le bœuf. Quand les Allemands exagèrent, ou faussent la portée d'une institution, ils ont un mot délicieux qui traduit à lui tout seul leur manque total de tact : *veredeln* (ennoblir). Introduisent-ils dans le cadre du music-hall des productions dramatiques et musicales de valeur ? *Sie veredeln den Tingel-Tangel* (ils ennoblissent le beuglant). Transportent-ils Shakespeare, Sophocle ou

Gœthe dans le manège d'un cirque ? *Sie veredeln den Circus.*
Ils ne s'aperçoivent pas qu'ils avilissent, au contraire, le grand
art par des promiscuités intempestives. Ils ressemblent à ces
familles d'enrichis qui confondent la prétention avec la distinction.

Ils prirent donc la résolution de *veredeln* aussi le cinéma,
qu'on appelle, là-bas, le *Kientopp* en langage vulgaire. Les
grandes fabriques de films engagèrent à prix d'or les régisseurs
réputés et les directeurs de théâtre en vue ; elles s'assurèrent le
concours de tous les littérateurs à la mode dont les noms parurent en lettres rouges sur les affiches des *Kientopp* : Hoff-
mannsthal, Vollmöller, Paul Lindau, Gerhardt Hauptmann.
Ce dernier reçut 40 000 marks pour l'affabulation cinémato-
graphique de son dernier roman, *Atlantis.* Max Reinhardt
partit en Italie et en Espagne avec toute une troupe de peintres, d'écrivains et d'acteurs et mit en film, entre autres, une
Insel der Seligen (l'Ile heureuse) qui coûta près de deux millions. Les programmes des établissements de ce genre publièrent les biographies de leurs collaborateurs. L'écran lumineux
les révélait dans l'intimité, afin de les faire mieux connaître
au public. Comme ces exagérations ne suffisaient pas, on s'empressa de solliciter, contre des émoluments énormes, le concours des comédiens et des comédiennes réputés. Tilly Durieux,
Moïssi, Wegener, Basserman, Gertrud Eysoldt, Bonn, etc., se
taillèrent de nouveaux succès et une réclame bruyante, en mi-
mant des drames extravagants, écrits spécialement pour eux
par des littérateurs notoires. Le *Kientopp* voulait dépasser le
théâtre, l'absorber, l'étouffer. Il fallait à ces nouvelles productions un cadre digne d'elles. Des palais cinématographiques au
luxe criard s'érigèrent dans les quartiers riches de la métropole.
Bâtis en marbre, couverts de dorures, ornés de tapis précieux,
de tableaux rares, dotés d'un mobilier ultra-moderne, d'un

foyer aux tentures violentes, ils ouvraient chaque soir leurs portes de bronze massif, et, sous le péristyle éclaboussé de lumière, s'agitaient des suisses aux livrées baroques, des valets de pied en culotte de soie, en frac de couleur. Des lithographies, signées du nom des plus grands dessinateurs, couvraient les murs de Berlin et ceux des stations du métropolitain. Ces théâtres dernier cri avaient des premières aussi sensationnelles que les premières d'opéra, avec orchestre invisible comme à Bayreuth, kapellmeister de marque et partitions écrites pour les nouvelles œuvres. Les littérateurs, les compositeurs, les peintres, les acteurs étaient absorbés par ces entreprises tentaculaires, aveuglés par la lumière, la réclame et le succès, surtout par les sommes excessives qui leur étaient payées.

La *Bioscop-Gesellschaft* possédait six palais de ce genre à Berlin ; l'*Uniongesellschaft* huit et le *Cinès*, entreprise italoallemande, qui avait affermé trois des plus grandes scènes de Berlin, venait de faire construire sur le *Nollendorfplatz* un théâtre d'un raffinement inouï, dont l'inauguration fut sensationnelle. Le directeur m'apprit que la société était financièrement soutenue par une grande banque de Rome ; il ajouta, en me montrant les merveilles de son établissement :

— Vous voyez tout cela, mon cher ami; eh bien, c'est l'argent du pape[1].

Les grandes villes d'Allemagne suivirent l'exemple de Berlin. Les sociétés précitées y achetèrent des immeubles, y fondèrent des succursales. Le mouvement formidable prit peu à peu des allures de trust.

Puis tout creva, quelques mois avant la guerre. Les prétentions exorbitantes des écrivains, des musiciens, des peintres, des acteurs, des régisseurs, les frais énormes provoqués

---

[1] La banque en question spéculait, en effet, avec les fonds de la papauté.

par la confection de certains films qui promenèrent des troupes entières au quatre coins du monde, consommèrent le désastre. Les faillites se succédèrent. Le vulgaire mélo, le film patriotique, la farce sans prétention reprirent sagement leur place. Les beaux palais se dédorèrent, devinrent des skating, des thés-tangos ou se transformèrent en music-halls. On en revint à l'humble *Kientopp* sans Pégase et sans muses d'apparat. La vie factice de l'Allemagne est riche en déceptions de ce genre, en essors inconsidérés suivis de chutes lamentables.

C'est ainsi qu'en se promenant sous la voûte des pins, on rencontre parfois sur le sol humide quelque champignon monstrueux et boursouflé, aux couleurs éclatantes. Il suffit de le toucher du pied ; il s'effrite, il s'effondre et, de toute cette pourriture orgueilleuse, il ne reste qu'un peu de poussière.

*   *   *

A tous ces gestes, à toutes ces poses, à toute cette activité fiévreuse, il manque la sincérité. Aucun besoin précis, aucun idéal silencieusement mûri ne guident ces êtres falots. Ils mentent aux autres comme ils se mentent à eux-mêmes. Le mensonge est à la base de la société allemande. N'est-il pas curieux de constater qu'en 1870, une dépêche falsifiée par Bismarck provoqua le conflit et qu'en 1914, la fausse nouvelle d'un raïd imaginaire au-dessus de Nuremberg justifia l'ouverture des hostilités ? A quarante-cinq ans de distance, on retrouve la même absence de sincérité, aux heures graves de la politique allemande. Il ne faut donc pas s'étonner que l'hypocrisie ait fleuri chez nos ennemis au cours de cette période ascensionnelle en apparence, où la plus grande Allemagne étendait ses tentacules sur le monde. Bâtie sur le mensonge, cette culture artificielle s'écroulera fatalement.

La science allemande elle-même n'est pas toujours sincère ; elle devient pour quelques ambitieux un moyen de réclame, une sorte de papier d'emballage qui sert à envelopper les articles à la mode. Il est des savants qui paradent comme les comédiens ; ils ont leurs baraques et leur public.

Le docteur Schrenk-Nortzing, professeur à la faculté de médecine de Munich et spécialiste célèbre des maladies nerveuses, lance une *Traumtänzerin* (danseuse-médium) qui se fait payer cher par les directeurs de music-hall la réclame scientifique de son protecteur. Schrenk-Nortzing écrit également un livre illustré de six cents pages sur les expériences de Mme Alexandre Bisson ; il patrone le spiritisme, couvre de son nom et de son autorité les impostures les plus flagrantes. On se demande toujours s'il est vraiment la dupe de ces truquages. Mais tout cela, c'est encore de la réclame [1].

Le docteur Magnus Hirschfeld devient l'historiographe des anomalies sexuelles. On le retrouve comme expert dans tous les procès scandaleux. Il est plein d'indulgence pour les vices contre nature. Il publie chaque année des livres qui ont l'attrait de romans défendus. Il se compose une physionomie spéciale. Son visage pâle est encadré de boucles brunes ; ses mains sont effilées, sa toilette a des recherches précieuses.

Un autre vieux savant s'efforce de démontrer dans un traité indigeste que les bébés, en tétant leur nourrice, n'obéissent qu'à un instinct érotique : *Das Erotismus im Kinderleben* (l'érotisme dans la vie des enfants). La pédanterie teutonne se complait à ces paradoxes sensationnels. *Cynismus, Satanismus, Erotismus, Sadismus, Masochismus* deviennent des vocables à l'ordre du jour. Pour se rendre intéressant, chaque intellectuel en joue

---

[1] La même mentalité trouble dirige Haeckel, Lambrecht, Ostwald, Mommsen, dans leur exaltation de la force brutale et du pangermanisme. Toutes ces outrances sont calculées. Il n'est pas jusqu'à Ehrlich et à son 606 qui ne se ressentent de cette ambiance, qui fait de l'intellectualisme allemand une agence de publicité.

avec dextérité. On exalte les monstruosités psychiques ; on les étale avec orgueil. La dépravation morale devient une preuve de « Kultur ».

Hanns Heinz Evers, écrivain très influencé par Edgar Poe, fait des conférences sur le marquis de Sade, sur Satan. Il affole ses auditrices et ses lectrices ; il en est adulé. Il promène à travers l'Allemagne «son sadisme aux yeux bleus», comme disait avec une charmante ironie Charles Müller.

Certains auteurs dramatiques dont le talent est incontestable donnent à leurs personnages des âmes de boue, une bestialité extravagante. Il faut bien forcer la note pour retenir l'attention [1].

Du reste, la majorité du public ne comprend pas. Peu importe. Il a perdu la notion du naturel ; il s'est habitué à admirer tout ce qui est anormal et bruyant, parce que c'est la mode et qu'il a les oreilles assourdies par la grosse caisse des vendeurs d'orviétan [2]. Les réputations ne se fondent plus que sur

[1] Cette remarque s'applique surtout à Frank Wedekind. Ses débuts dramatiques eurent lieu à **Munich** aux *Elf Scharfrichter* ; ils furent malheureux. Incompris de la foule, l'auteur eut toutes les peines du monde à imposer sa personnalité. *Frühlingserwachen* (l'Eveil du printemps), *Erdgeist* (l'Esprit de la terre), *die Büchse der Pandora* (la Boîte de Pandore), *So ist das Leben* (Ainsi est la vie), *Hidalla* ont des qualités indéniables d'originalité puissante, en dépit d'une outrance de mauvais aloi. Quand il fut accepté du public et que le succès eût consacré sa réputation, Frank Wedekind conserva ses allures de bête traquée (et *truquée*). Il aimait à poser au génie méconnu, forcé de faire le paillasse pour amadouer la plèbe et gagner sa vie. Cette hantise domine sa vie et ses œuvres. Il commença par vouloir interpréter lui-même les principaux rôles de ses pièces, sans avoir aucun talent d'acteur. Il assista ainsi sur la scène, et de manière active, aux premiers fours tumultueux de ses œuvres. Ses genoux tremblaient, sa face livide se crispait. Pourtant il persistait à renouveler ses expériences cruelles. On eût dit qu'il éprouvait un plaisir monstrueux à se voir conspué publiquement comme auteur et comme acteur. Ces fiascos retentissants furent, du reste, sa meilleure réclame. Dans sa dernière pièce, *Simson* (Samson), drame biblique joué au *Lessingtheater*, un an avant la guerre, il se représente lui-même sous les traits de son héros. Samson, c'est le poète incompris, trompé par la femme, exploité, qui tourne, dans la nuit de ses yeux, la meule du moulin de Gaza et devient la risée des Philistins.

[2] La langue nationale elle-même, cette interprète traditionnelle de la pensée d'un peuple, est saccagée par les innovations sensationnelles des écrivains. On n'écrit plus en allemand. La noblesse, la tenue, la pureté du style se perdent de plus en plus. Des néologismes illogiques, une syntaxe étrange, un emploi abusif des mots étrangers, un amour immodéré des redites transforment le langage

le scandale. Dans les circonstances les plus anodines de l'existence, l'intellectuel allemand songe perpétuellement à conserver la physionomie qu'il s'est imposée. Jamais il ne dépose le masque.

Frank Wedekind se trouvait un soir à Munich avec un de ses amis dans un restaurant où des étudiants prussiens tenaient leurs assises. L'un d'entre eux parlait à voix haute et autoritaire de la littérature allemande ; il s'écria avec l'intonation nasillarde des Berlinois :

— *Es giebt nur ein deutscher Dichter und das ist Spielhagen.* (Il n'y a qu'un poète allemand et c'est Spielhagen [1].)

Wedekind se leva, s'approcha de la table où pérorait l'étudiant et lui dit avec douceur :

— *Sie sind wohl erblich belastet ?* (Vous avez certainement une tare héréditaire ?)

— Que voulez-vous dire ? — demanda non sans rudesse, le *Korpsstudent.*

— Oh, simplement que votre grand-père était un crétin et votre père un idiot.

Pour toute réponse, l'étudiant prit sa cruche de bière et la cassa sur la tête de Wedekind. Le sang gicla. On fit asseoir l'écrivain sur un escabeau ; un médecin qui se trouvait là le pansa du mieux qu'il put. Pendant que le praticien lui prodiguait ses soins, Wedekind laissa tomber cette remarque admirable :

— *Es ist komisch! heutzutag, man kann nicht mehr seine literarische Meinung frei äussern.* (C'est drôle ! Aujourd'hui on ne peut plus exprimer librement une opinion littéraire.)

écrit en un jargon prétentieux et dégénéré et si le cliché du vieux Buffon: « Le style, c'est l'homme » est vrai, on peut conclure à la décadence irrémédiable de l'esprit allemand.

[1] Écrivain prolifique qui publia plusieurs romans psychologiques d'un lyrisme indigeste, entre autres : *Problematische Seelen* (Ames problématiques).

L'admiration que certains Allemands, fraîchement parvenus, portent aux talents en vedette, est souvent aveugle et provoque des quiproquos amusants.

Grünfeld, violoncelliste très réputé, fréquentait beaucoup les salons berlinois. Il y était fêté à cause de son esprit. Sa façon originale de narrer des anecdotes hilarantes lui conciliait les faveurs de ses hôtes. Un soir, où il avait été plus étincelant que de coutume, un *Kommerzienrat* (conseiller de commerce) qui se trouvait là, demanda au maître de céans quel était ce convive extraordinaire.

— Comment ? Vous ne savez pas ? C'est le fameux Grünfeld.

Le *Kommerzienrat*, peu au courant des questions musicales, ne connaissait pas le virtuose, même de nom. Il comprit qu'il s'agissait d'un amuseur de profession. L'amphytrion s'était sans doute assuré son concours pour cette soirée, en lui payant un cachet. Il résolut de faire la même surprise à ses invités, à la première occasion. Il demanda timidement :

— Est-ce qu'on peut l'engager pour une soirée ?

Son interlocuteur pensa qu'il tenait à organiser un concert dans ses salons et, sachant que son ami Grünfeld se produisait dans des cercles privés, il répliqua :

— Certainement. Donnez-lui mille marks ; il acceptera.

Le *Kommerzienrat* se fit présenter immédiatement à Grünfeld et le dialogue suivant s'engagea :

— Ma femme et moi, nous donnons prochainement une soirée ; nous serions très honorés si vous vouliez bien y paraître. Pardon, si je règle une question délicate de manière aussi impromptue. Notre hôte m'a dit vos conditions : mille marks. Ai-je votre consentement ?

— Sans doute, — répondit le musicien. — mais j'ai une prière à vous adresser. Ayez l'obligeance au jour dit de faire prendre chez moi mon violoncelle. C'est un meuble encombrant.

— *Aeh, was !* — s'écria le *Kommerzienrat* étonné. — *Sie spielen* auch *Cello* ? (Vous jouez *aussi* du violoncelle ?)

* * *

Munich est peut-être la seule ville dans la Confédération germanique, où l'on puisse encore trouver un peu de simplicité et de bonhomie. Elle synthétise le caractère de l'Allemagne méridionale, si différent de la mentalité prussienne. Elle fut, de tout temps, très chère aux étrangers ; ils y coudoient sans gêne l'habitant, ils y trouvent une hospitalité sans emphase, un accueil familier et discret. A parcourir les avenues spacieuses et claires, les petites ruelles étroites et pittoresques, on sent qu'une vieille tradition enveloppe les gens et les choses. Munich est riche de tout son passé ; ses vieux monuments lui donnent une apparence de bonne fée indulgente, un peu figée dans ses souvenirs. C'est bien là le refuge de l'Allemagne naïve, rêveuse et profonde, que nous eussions appris à aimer si elle avait su tirer parti de ses qualités et se montrer plus rebelle à ses oppresseurs du Nord. Non point que ses habitants frustes, qui remplissent les brasseries et les restaurants, soient plus intelligents qu'ailleurs ; ils sont tout aussi philistins, sans doute, mais ils le sont sans prétention et c'est déjà beaucoup. Ils ont le respect inné de l'art et des artistes ; ils comprennent confusément que la renommée de leur cité vient des fils des Muses et des mécènes couronnés qui les protégèrent. Louis II, ce prince romanesque, est encore très populaire dans la campagne bavaroise ; il existe de vieux montagnards qui ne croient pas à sa mort et s'attendent à le voir réapparaître pour rendre au pays sa splendeur et son indépendance d'antan. Ils se rappellent l'époque où les écuyers, porteurs de torches, précédaient à cheval le traîneau royal sur les routes blanches de neige, quand le prince, mélancolique, silencieux sous les fourrures, glissait vers les châteaux fantastiques de Neuschwanstein ou de Hohenschwangau...

Le culte du souvenir est un trait caractéristique de cette population attachée à ses vieilles coutumes, tenace dans ses admirations, dans ses respects, comme dans ses haines. Je connais une histoire qui illustre de façon touchante les égards qu'ont les humbles pour les artistes.

Il s'appelait Aschbé et dirigeait à Munich, dans le quartier de l'Académie royale des Beaux-Arts, une école privée de peinture très fréquentée. On lui prêtait un grand talent, bien qu'il fût âgé et ne produisît plus rien. Dans son atelier, le même paysage inachevé ornait son chevalet depuis plusieurs années ; de temps à autre, il y promenait un pinceau paresseux. Pourtant, sa méthode devait être excellente, car ses élèves l'estimaient beaucoup ; d'aucuns devinrent célèbres. Il menait une vie simple de vieux célibataire bohème ; chaque soir, il fermait son atelier après le départ de ses disciples, couvrait son chef chenu d'un feutre aux larges ailes, allumait sa pipe de porcelaine et se rendait à petits pas dans quelque *Kneipe* (sorte de restaurant familier et intime) pour y prendre son frugal dîner (*Abendbrot*) ; il passait là toute sa soirée, en absorbant de nombreux carafons de vin rouge dans la compagnie de vieux habitués.

Quiconque a vécu à Munich connaît ces auberges accueillantes, au mobilier de bois grossier, où l'on consomme la piquette tyrolienne, les coudes sur la table, sous la lueur atténuée d'une lampe. Une *Kellnerin* en tablier blanc, plissé et empesé, fait le service ; elle s'attarde à causer avec les clients dans le dialecte du pays, aux sonorités assourdies et traînantes. Aux murs, de vieilles estampes, encadrées de poirier poli, rappellent les anciens quartiers du vieux Munich, les costumes bigarrés des siècles passés. Un revêtement de boiseries court autour de la salle ; son rebord soutient de vieux pots d'étain, des lanternes de corne, des hanaps ciselés, des statuettes de bois sculpté. Une petite fenêtre mi-close, à rideaux de percale, percée dans la muraille, laisse entrevoir le mystère de la cuisine, les casseroles luisantes, le fourneau fumant ; une bonne odeur de saucisse, de choucroute et de pain bis s'en échappe...

Le vieil Absché aimait l'intimité de ces restaurants au plafond bas et noirci. Il était l'habitué fidèle des plus réputés. Pour chacun d'eux il avait son jour. La *Kellnerin* lui réservait sa place. Dès qu'il entrait, elle le saluait cordialement, l'aidait à quitter son pardessus, l'installait commodément, lui apportait le journal du soir, allait chercher son vin et s'enquérait de ses autres désirs. L'hôte ou l'hôtesse venait aussi lui souhaiter la bienvenue :

— *Gruass Good, Herr Kunstmaler !* (Dieu vous salue, Monsieur le peintre).

Ils savaient qu'il était artiste ; sa fidélité de client les touchait d'autant plus. Sa présence régulière n'était-elle pas un honneur pour la maison ?

Une semaine entière passa sans qu'Aschbé visitât ses auberges. *Kellnerinnen* et patrons s'inquiétèrent. Le peintre était tombé malade. Le médecin lui avait interdit le tabac et le vin. Il en mourut, le pauvre vieux, tout seul dans son coin, sans vouloir recevoir personne. On trouva dans son atelier une petite fortune, éparse un peu partout. Il mettait son or dans des pots, dans des boîtes, dans les trous du plancher ; il dissimulait ses billets dans des livres ou derrière des toiles.

Son enterrement fut pittoresque, comme l'avait été sa vie et sa mort ; on y rencontra des peintres, des écrivains, des acteurs, toutes les *Kellnerinnen* qui l'avaient servi, tous les propriétaires de débits qu'il avait fréquentés.

Et dans les sept *Kneipe* familières, (une pour chaque jour de la semaine) des mains pieuses suspendirent autour de la photographie du vieil artiste, fixée au mur, une couronne de laurier, crêpée de noir, juste au-dessus de la place où il avait coutume de s'asseoir. Ceux qui ne savaient pas interrogeaient l'hôtesse qui répondait :

— *Da sass jeden Dienstag der Kunstmaler Aschbé und trank wohl seine sieben Schoppen...* (C'est là que s'asseyait chaque mardi le peintre Aschbé et qu'il buvait ses sept chopes.)

Dans les dernières années ,le mouvement cosmopolite avait légèrement transformé le caractère de Munich. Trop d'étrangers venaient, le *Bædecker* en main, visiter cette ville curieuse. Des spéculateurs avisés exploitèrent cette affluence. On bâtit un peu partout de monstrueux palace-hôtels. Ernst von Possart, l'intendant des théâtres royaux, fit comprendre à la Cour qu'on pouvait concurrencer Bayreuth et détourner de Wahnfried la foule des snobs, des dillettantes et des mélomanes, en leur offrant à Munich la même pâture. Le *Prinzregententheater* fut inauguré, et les cycles de Wagner et de Mozart[1] permirent aux promoteurs de cette entreprise de spéculer avantageusement sur les terrains qui avoisinaient le nouveau théâtre.

Berlin finit par s'émouvoir. Trouvant les Munichois trop timorés, il résolut de mettre la main lui-même à la pâte et de moderniser la vieille «Athènes de l'Isar». Un *Ausstellungspark* fut construit ; des attractions s'y installèrent.. Reinhardt accourut avec sa troupe et sa réclame. Munich fut inondé de *Norddeutsche* (Allemands du Nord) arrogants et ridicules. Heureusement pour la ville, cette invasion ne durait que quelques semaines, pendant la *Fremdensaison* (saison des étrangers). Aux premiers jours de l'automne, Munich reprenait sa vie tranquille et simple. Les Berlinois regagnaient leur odieuse métropole en disant, d'un air dégoûté :

— Les montagnes de Bavière, oui, c'est très gentil, mais

---

[1] Les opéras de Mozart sont représentés sur la scène du **Residenztheater**, délicieuse salle de spectacle du **XVIII**ᵉ siécle.

elles seraient beaucoup plus belles si elles étaient près de Berlin. »

* * *

Tous les dix ans, la Passion d'Oberammergau mettait une animation bruyante dans ce village bavarois, niché sur une montagne aux environs du lac de Murnau. Les habitants d'Oberammergau vivaient presque exclusivement de cet afflux d'étrangers, venus des quatre coins du monde. Pendant dix ans, ils étudiaient et répétaient leur spectacle. A leurs moments de loisirs, ils sculptaient dans du bois de petites statuettes religieuses qu'ils vendaient plus tard aux spectateurs. Les rôles, soigneusement distribués, imprimaient à leur physionomie un caractère indélébile. Quand ils travaillaient aux champs, trayaient leurs vaches ou rentraient les foins, on identifiait à première vue Judas, Joseph, le Christ, Marie-Madeleine, Marthe, le centurion romain, Hérode, Caïphe ou Barrabas.

La Vierge était choisie parmi les fillettes du catéchisme ; elle était étroitement surveillée, car la vie aux champs est pleine de surprises. On était moins sévère pour Jésus-Christ, mais la splendeur du personnage qu'il devait représenter rejaillissait sur sa personne et lui donnait des allures de ténor.

Rien n'était plus curieux que ce petit hameau de comédiens rustiques, qui attendaient dix ans l'occasion de se produire et auxquels le curé servait de régisseur. La représentation du mystère de la Passion durait trois jours ; on donnait plusieurs séries. La salle de spectacle était une immense grange sans fond ; la perspective des montagnes, le paysage agreste du plateau formaient un décor naturel. Le jeu puissant des masses, la diction solennelle et scandée des personnages, donnaient une impression de majesté naïve, une intensité dramatique extraordinaire.

Là aussi, la réclame a gâté bien des choses. Plus les étrangers et l'or affluèrent, plus la corruption du village grandit. La Vierge coupa ses boucles pour les vendre. Barrabas et Jésus se laissèrent enlever par des Américaines trop enthousiastes. Berlin s'en gaussa fort...

* * *

Ainsi, quand la guerre éclata, la foire aux vanités allemande battait son plein. Le cataclysme a dispersé les pitres, mais leur mentalité n'est pas morte. On la retrouve aujourd'hui dans la propagande que font nos ennemis, dans leur façon de conduire la lutte. C'est le même bluff, la même absence de sincérité, le même souci d'intimider le spectateur, les mêmes poses théâtrales...

Je reçus, il y a quelques jours, la visite d'une petite institutrice française qui revenait d'Allemagne. Sans famille, sans appui, sans argent, elle avait été surprise là-bas par la mobilisation et elle resta douze mois à Dusseldorf, sur les bords du Rhin, chez une dame âgée qui eut pitié d'elle, intervint en sa faveur auprès des autorités et obtint de la garder chez elle. C'était précisément la mère de Hanns Heinz Evers, l'écrivain dont je parlais plus haut. La petite Française put circuler assez librement; chaque jour, elle sortait acheter le journal de France au kiosque de la place, car, chez nos ennemis, on continua à vendre ouvertement tous les journaux des Alliés. Elle observa la vie ambiante, constata l'orgueil du début, puis la lente chute des espoirs caressés, puis le doute et l'angoisse. Mais elle souffrit si cruellement dans son âme et dans son orgueil de Française de ce qu'elle vit et entendit qu'elle rejoignit sa patrie aussitôt qu'elle put le faire.

Par son entremise, j'ai pu reconstituer le sort de beaucoup d'intellectuels allemands. La plupart du temps, le gouvernement s'en sert pour claironner aux quatre coins de l'univers la grandeur de l'Allemagne, ses victoires, sa magnanimité. Ce ne sont pas des reporters ou des journalistes qui suivent les opérations sur le front des armées, ce sont des littérateurs de marque, des romanciers, des poètes, des auteurs dramatiques. Ils sont devenus les valets du grand état-major. Leur signature a plus de poids auprès des lecteurs. L'empereur les comble d'honneurs pour mieux se les attacher. Il leur fait cadeau de la vie en les libérant de toute obligation militaire, à condition qu'ils mettent à sa disposition leur influence et leur notoriété. Ils enjolivent les horreurs du massacre, ils expliquent bénévolement les crimes et les incendies, ils affichent un humanitarisme lyrique plein d'hypocrisie, s'efforcent de prouver qu'ils demeurent profondément « objectifs » et que leur âme est également capable de s'élever *au-dessus de la mêlée*.

Herbert Eulenberg, le poète dramatique de l'amour, écrit à son journal, en marquant un regret impuissant :

— *Wir haben die Franzosen stets unglücklich geliebt*. (Nous avons toujours aimé les Français d'un amour malheureux.)

Il oublie que l'amour allemand ressemble trop souvent au pavé de l'ours et que ses compatriotes ont la fâcheuse habitude, en voulant embrasser les gens, de les étouffer ou de leur écraser les pieds.

Hanns Heinz Evers, éternel globe-trotter, s'occupe, en Amérique ou en Espagne, à prédire la victoire de l'Allemagne, à déprécier la valeur des Alliés, à souligner leurs fautes, à semer le doute dans les consciences timorées. Il inonde entre temps la mère-patrie de poèmes et de nouvelles patriotiques.

Avant la guerre, il avait tellement parlé de lui dans ses livres que ses partisans et ses adversaires connaissaient tous les détails de sa vie intime, l'existence de sa mère à Dusseldorf, la petite maison qu'elle habitait, où il venait de temps en temps lui rendre visite et se recueillir. Il faisait volontiers étalage de son amour filial qui donnait plus de ragoût à son sadisme et à son cynisme d'apparat.

Voici la façon dont il présentait lui-même la maison maternelle à ses lecteurs, dans un de ses romans :

« ...Dans ces pièces, il n'y avait aucune unité de style, tout s'était entassé au hasard des années ; cependant l'ensemble était d'une harmonie paisible, on sentait que tous ces meubles étaient de la même famille.

« Il gagna l'étage que sa mère lui avait attribué. Tout était comme il l'avait laissé deux ans auparavant. Il n'y avait pas un presse-papier de déplacé, pas une chaise de dérangée. Ici, plus que partout ailleurs, régnait la confusion, aussi bien par terre qu'aux murs. Les cinq parties du monde avaient fourni ce qu'elles avaient d'étrange et de bizarre : des masques énormes ; des monstres barbares en bois de l'archipel Bismarck ; des drapeaux chinois et annamites ; des armes de tous les pays ; ensuite des trophées de chasse, des animaux empaillés, des peaux de jaguar et de tigre, de grandes tortues, des serpents et des crocodiles, des tambours bigarrés de Luçon, des instruments à cordes à longs cols de Radjpoutama, de naïves guzlas d'Albanie.

«Du plafond au sol pendait un immense filet roux, plein d'étoiles de mer géantes, de poissons et de coquillages merveilleux. Les meubles étaient couverts de brocards, de robes indiennes en soie, de mantilles espagnoles chamarrées, de manteaux de mandarins avec de grands dragons d'or. Il y avait aussi une collection de dieux, de bouddhas dorés et argentés, de toutes les tailles, des sivas, des krichnas, des ganesas, et les idoles de pierre absurdes et obscènes des Tchams. Au mur, le moindre coin libre était occupé par des gravures : un Rops hardi, des Goya farouches, un petit dessin de Jean Callot ; et puis Cruikshenk, Hogarth et quelques images effroyablement bariolées du Cambodge ou de Mysore.

« Tout cela portait la marque de Frank Braun [1].

« Ses balles avaient tué cette ourse blanche dont il foulait l'épaisse fourrure ; lui-même avait pêché ce requin dont la mâchoire puissante, à trois rangées de dents, s'accrochait dans le filet. Il avait pris ces flèches empoisonnées et ces lances aux sauvages de Brukha ; un prêtre mandchou lui avait donné ces dieux extravagants et cette haute crosse d'argent. Cette noire pierre de lynx, il l'avait dérobée, de sa propre main, au temple des Hondon-Badagri ; ses lèvres avaient bu dans cette calebasse le sang de la fraternité avec le chef des Indiens de Toba, aux bords marécageux de Pilcomayo. Il avait échangé avec un sultan malais de Bornéo son meilleur fusil de chasse contre ces épées courbes et, avec le vice-roi de Shantung, son jeu d'échec de poche contre ces glaives. Ces merveilleux tapis indiens lui avaient été offerts par le maharadja de Vigatpuri et cette Durga aux huit bras, éclaboussés du sang des chèvres et des hommes, il l'avait eue de l'archiprêtre de l'atroce Kâli...»

Or, Hanns Heinz Evers vient de publier quelques pages littéraires sensationnelles à Berlin. Il débute ainsi :

— *Meine Mutter ist eine alte Frau, die wohnt am Rhein...* (Ma mère est une vieille femme qui demeure au bord du Rhin...)

Cette phrase chantante revient en *leit-motiv*, à intervalles fixes [2].

Il dépeint son intérieur désorganisé par l'atroce guerre. C'en est fait du silence inviolé de son sanctuaire. On a dressé des lits partout ; dans ces lits, on a couché des blessés. Là, un Poméranien, ici un Bavarois, plus loin un Saxon : une vingtaine dans toute la maison. Sa mère court de lit en lit, de chambre en chambre, courbe sa tête blanche sur la souffrance des humbles soldats, prodigue les soins et les consolations...

---

[1] Le héros du roman, qui n'est autre que l'auteur lui-même.

[2] Elle n'est pas de lui ; elle est tirée d'un poème de Henri Heine : *Deutschland kann verderben. — Doch, die alte Frau kann sterben*, etc., etc.

Lui, il est loin de tous ses chers trésors ; il vit dans l'exil. L'odieuse Angleterre lui enlève jusqu'à la possibilité de correspondre régulièrement avec sa mère. La douleur est entrée dans la maison tranquille ; des paysans mutilés laissent errer leurs regards fiévreux sur les objets fantastiques qui tapissent les murs.

Toute l'Allemagne fut remuée d'émotion. Qui ne connaissait de réputation la vieille mère d'Hanns Heinz Evers à Dusseldorf et les collections exotiques de l'écrivain !

Non, non, la foire aux vanités n'est pas morte encore.

A Dusseldorf même, il y eut des gens qui s'étonnèrent et voulurent se rendre compte. L'antique demeure était silencieuse et quiète. Il n'y avait ni blessés, ni lits ; ni soins, ni consolations.

Dans une chambre, il y avait une petite Française, abandonnée et malheureuse, à qui l'orgueil allemand faisait payer cher une hospitalité précaire. A chaque nouvelle victoire, le battant de sa porte s'ouvrait, et la mère d'Hanns Heinz Evers, *die alte Frau die wohnt am Rhein*, lui disait avec une révérence insolente :

— *Maubeuge ist gefallen, Kleine.* (Maubeuge est tombée, petite.)

— *Lille ist eingenommen, Kleine.* (Lille est pris, petite.)

— *Reims ist niedergebrannt, Kleine.* (Reims est incendié, petite.)

Et la jeune fille voyait luire dans les yeux de l'Allemande la joie du sang répandu, du sang français.

APPENDICE

UNE LETTRE D'UN INTELLECTUEL ALLEMAND

Malgré les horreurs d'une guerre qui a fait de plus de 70 millions d'êtres humains les ennemis de l'humanité, de la justice et du droit, on ne peut s'empêcher d'admettre que si l'empereur d'Allemagne, avant de déchaîner le fléau qui décime l'Europe, avait été forcé de réclamer par la voie du plébiscite l'assentiment de ses sujets, une écrasante majorité lui eût repondu: Non !

C'est une erreur de croire que les pangermanistes notoires, tels Clausewitz, Treitschke, Bernhardi, ou Moltke, aient jamais représenté, avant juillet 1914, la mentalité globale de l'Allemagne. Ces hommes étaient les porte-voix d'une clique, bruyante sans doute, mais vouée au mépris. Leurs journaux, soutenus par l'argent de la fameuse camarilla, n'avaient qu'un nombre infime de lecteurs et l'importance qu'on leur prêtait à l'étranger était pour les Allemands eux-mêmes un sujet d'étonnement. Aucun d'eux ne songeait sérieusement à la possibilité d'être jeté dans un conflit nuisible à leurs intérêts par des personnalités aussi peu populaires, que la satire ridiculisait à chaque occasion propice.

En face de cette minorité, se dressait en effet, en dehors de la Sozialdemokratie dont la puissance numérique et l'influence politique augmentaient d'année en année, la masse des intellectuels libéraux que leurs aspirations et leurs occupations auraient dû rendre forcément hostiles à tout amoindrissement de la conscience individuelle.

Cependant l'anachronisme qui préside à la vie politique de la Confédération germanique a permis au gouvernement, en s'appuyant sur une minorité tapageuse, de jeter l'empire dans l'aventure la plus sanglante et la plus imprévue que l'histoire ait jamais enregistrée. La chose a été menée si rondement que pas une voix ne s'est élevée, au début, pour protester.

Aujourd'hui l'Allemagne est irrémédiablement condamnée devant le tribunal des nations, parce qu'elle s'est faite l'esclave et la complice des Hohenzollern. Or, ce sont précisément ceux qui auraient pu s'opposer efficacement à ce coup de main de l'autocratisme qui ont montré le plus d'avilissement.

Les intellectuels de l'Europe centrale portent ainsi leur lourde part de responsabilités dans la guerre actuelle. Ils étaient armés pour combattre l'injustice et la violence; ils avaient pour eux la presse, le livre et la parole; ils auraient eu la nation — toujours docile — derrière eux, s'ils avaient eu l'énergie de la mobiliser à temps contre les empiétements de la minorité. Leur défection tragique a fait sombrer dans la honte l'honneur de toute une race.

Pendant les premiers mois de la guerre, je me suis rappelé souvent les luttes ardentes que j'avais menées en Allemagne, avec le concours des écrivains que je fréquentais, contre l'esprit réactionnaire et autocratique de l'empire, contre le militarisme et la brutalité de la Prusse. J'avais assisté à des explosions d'enthousiasme pour la liberté et la fraternité humaines. J'évoquais souvent les manifestations tumultueuses de la rue, à Munich et à Berlin. Le soir, mes compagnons étaient aphones à force d'avoir discouru et chanté des hymnes subversifs. Des vers flottent encore dans ma mémoire :

> Drei und dreissig Jahre
> Waren wir die Knechte...
> Blut soll fliessen....
> Nieder mit dem Hunde
> Von der Reaction!...
> Schmeisst die Konkubine
> Aus dem Fürstenbett,
> Schmiert die Guillotine
> Mit dem Fürstenfett....[1]

---

[1] Trente-trois ans, nous avons été des valets... Le sang doit couler... A bas les chiens de la réaction... Chassez la concubine du lit du prince ; enduisez la guillotine de graisse royale...

Et cette allusion au grand rêveur national Ferdinand Lassalle :

> Er hängt an keinem Baum,
> Er hängt an keinem Strick,
> Er hängt nur an dem Traum
> Der deutschen Republik [1].

La plupart des intellectuels que je connaissais avaient payé leurs audaces de leur liberté. Frank Wedekind, Th. Th. Heine, Ludwig Scharf, Hans von Gumppenberg, Oscar Panizza, d'autres encore, vécurent plusieurs mois en prison pour leurs écrits, leurs paroles ou leurs dessins.

En 1914, à l'occasion du jubilé commémoratif de 1814, Gerhardt Hauptmann qui devait signer quelques mois plus tard l'odieux manifeste des 93, s'était attiré les foudres des journaux pangermanistes en écrivant un *Puppenspiel* (pièce de marionnettes) où il ridiculisait Blücher et exaltait Napoléon [2].

Etait-il possible que ces intelligences fussent à ce point aveuglées qu'elles reniassent unanimement la cause de la justice ? Je m'étonnais qu'aucune protestation véhémente et collective n'ait traversé les frontières. Cette nation qui, en temps de paix, excellait à coordonner ses efforts, à fonder des *Vereine*, des sociétés et des clubs pour donner plus de poids à ses revendications, se pliait sans murmurer à la volonté malfaisante d'une caste qu'elle avait si souvent stigmatisée jadis. Les écrivains et les savants, qui se targuaient encore, quelques mois auparavant, d'être « les citoyens du monde », embouchaient la trompette guerrière, acceptaient même la responsabilité des crimes commis. Quant à ceux qui ne s'étaient pas laissé abuser, ils se taisaient lâchement.

Des mois passèrent. Quand parut le livre *J'accuse*, je pensais : Au moins, il y en a un qui ose proclamer son opinion, sous le voile de l'anonymat. C'est déjà quelque chose. Vinrent les protestations solitaires de Liebknecht, qui réussirent à grouper quelques rares mécontents. Mais quelle minorité infime en face de la masse passive ! Combien sporadiques ces efforts modestes pour déterminer les responsabilités et éclairer le pays sur la véritable situation ! Pauvre vérité, toute nue et grelottante au fond de ton puits, quand te montreras-tu au peuple allemand, à la lumière crue de la réalité ?

---

[1] Il n'est suspendu à aucun arbre, il n'est suspendu à aucune corde, il est suspendu au rêve de la république allemande.

[2] Cette pièce, représentée à Breslau ,fit scandale.

Un jour enfin, je reçus une lettre d'Italie. Elle émanait d'un intellectuel allemand, Karl von Levetzow, fils d'une vieille famille aristocratique originaire de Bohême, élevé en Allemagne et devenu écrivain réputé. Je l'avais connu à Munich et à Berlin. Son oncle avait été président du *Reichsrat* à Vienne. Malgré sa notoriété dans les milieux littéraires d'Allemagne, il avait toujours été l'adversaire de la mentalité teutonne et du régime politique de la Confédération germanique. Dès l'âge de trente ans, il vint s'établir en Provence. Quand la guerre éclata, il ne voulut point rentrer dans son pays d'origine et demanda à s'engager dans notre légion étrangère ; on ne l'accepta pas, à cause de son âge et de ses infirmités. Il se réfugia à Gênes. Sa lettre respirait un tel amour pour la France, un désir si sincère de se rendre utile à la cause de la justice et du droit, que j'essayai d'intervenir en sa faveur auprès des autorités françaises. Les événements se précipitèrent ; l'Italie entra dans le conflit. Karl von Levetzow fut relégué en Sardaigne, sous la surveillance de la *Questura*.

Nous continuâmes à correspondre et à échanger nos impressions sur le conflit mondial, sur ses causes, sur ses conséquences. Dans une de mes lettres, je traitai précisément de la question des intellectuels et je lui demandai ce qu'il pensait de la fameuse *Kultur*, de Luther, de Goethe, de Schiller, de Kant, de Lessing, de Nietzsche, de tous ceux qui ont pétri la pensée germanique au cours des siècles. L'opinion d'un écrivain allemand, qui a su se dégager de l'emprise de son milieu, est toujours intéressante. Je termine ce livre en publiant sa réponse *in extenso*.

« Busachi (Sardaigne), mars 1916.

» Mon cher ami,

» A propos de Martin Luther et des intellectuels allemands, permettez-moi de préciser un peu longuement mon point de vue. Ma vie de reclus dans un petit village sarde me donne des loisirs. J'espère que vous trouverez le temps de me lire et ne me maudirez pas.

» Moi aussi j'ai longtemps considéré Martin Luther comme un des grands champions de la liberté. Je commence à croire la réputation de ce « réformateur » très surfaite. Il a, d'abord, enrayé la belle *paganisation* de l'Eglise catholique, qui battait son plein à l'époque où il commença ses harangues, ce qui est déjà plutôt d'un réactionnaire que d'un novateur. Il ne le niait pas, du reste. Ensuite, il a créé la *famille* du prêtre. L'influence sociale du prêtre est forcément limitée quand il est seul et meurt sans progéniture, mais le prêtre père de famille, qui a 8 ou 9 fils à pousser dans les milieux dirigeants, devient une vraie lèpre et c'est de cette lèpre-là que se meurt l'intellectualité allemande. Enfin, Martin Luther a mis « sa religion » sous la protection des canons. De la sorte, il a transformé en institution nationale un pouvoir international qui, en dépit de ses fautes, voire de ses crimes, avait le grand avantage de tenir en échec l'autocratisme des rois et des empereurs. Ce pouvoir spirituel qui pouvait délier les peuples de leur serment de fidélité envers leurs monarques était, en effet, une sauvegarde.

» Si Luther n'était pas venu faire dévier le mouvement qui se dessinait alors, l'Allemagne aurait eu, comme l'Angleterre, sa « révolution » aux XVIe et XVIIe siècles, à la place de la guerre de Trente Ans. Il suffit de songer à Gœtz de Berlichingen, à Sickingen, surtout à la guerre des paysans (Bauernkrieg) et de relire les furieuses diatribes de Luther contre ces vrais protagonistes de la liberté. Somme toute, l'Eglise papiste est devenue plus cruelle et plus réactionnaire à cause de Luther.

» Il n'est pas vrai que la guerre de Trente Ans, première tombe de la civilisation germanique, ait abouti à garantir la liberté individuelle des consciences. C'est précisément le contraire qui est arrivé. Le principe de la paix westphalienne, *cujus regio illius religio*, abolit complètement la liberté individuelle au profit des principicules et des roitelets, entre autres au profit du Hohenzollern, parjure et voleur (avec la sanction de Luther). Ce principe est la base et le commencement de l'absolutisme en Allemagne. Voilà l'effet politique du mouvement. L'effet intellectuel a été tout aussi désastreux. Après les contemporains de Luther il n'y a plus en Allemagne de grands écrivains jusqu'à Herder et Lessing. La nation est « redevenue » analphabète. La signature de mon aïeul, Gontrand de Levetzow, contemporain de la guerre, est celle d'un intellectuel. Son fils ne signe plus que de trois croix. Or, cet homme était, par l'étendue de ses fiefs, un des seigneurs les plus puissants du Nord. Son histoire est celle de toute la noblesse de ces parages. Après avoir fréquenté les premières et les plus vieilles universités du monde, comme celle de Padoue, par exemple, elle retombe dans l'ignorance après 1648. Voilà d'où sortent les petits hobereaux rapaces et sordides d'aujourd'hui, ces officiers fats et pieds-plats, ces êtres dégénérés jusqu'au sadisme, cruels par ignorance et par bêtise, valets naturels de l'autocratisme prussien.

» Au point de vue purement religieux, la « liberté évangélique » de Luther a éloigné l'Allemagne des Evangiles. Le Jésus pacifique et communiste n'existe plus. On retourne à la Bible, à ce Dieu sanguinaire qui a dit : « Tu tueras Amalek et tu anéantiras Moab », à celui qui fit massacrer tous les prisonniers mâles, « hommes et enfants ». Ces citations ne datent pas de l'invasion de la Belgique, mais des harangues de Luther contre les paysans d'Allemagne.

» Les pasteurs prétendent que la liberté scientifique découle de Luther. Autre mensonge. Les protestants ont allumé autant de bûchers que les papistes. Ce n'est pas dans la Genève de Calvin que Giordano Bruno fut libre d'exprimer sa pensée, c'est en France, dans le pays de la Révocation de l'édit de Nantes. Là seulement il put exposer publiquement sa philosophie. En Allemagne, Luther ne fit pas abolir la coutume barbare de brûler les sorcières. Cet honneur revient à un Jésuite, von Spee.

» Non, Luther ne fut pas un génie, mon cher ami. Le succès facile qu'il obtint en est la meilleure preuve. Les génies de cette époque s'appelaient Ulrich von Hutten, Hans Sachs, etc. Ils ont acclamé Luther parce qu'ils voyaient en lui ce qu'ils auraient voulu qu'il fût : le libérateur. Les intellectuels d'alors furent, comme ceux d'aujourd'hui, bernés par l'homme habile. Le génie fut exploité par le talent.

« Si les princes prirent tant de plaisir à lire la Bible et crièrent : Vive Luther ! c'est qu'entre chaque feuillet, le réformateur avait mis un bonbon. Il leur disait, par exemple : « Lisez l'évangile, vous y verrez que vous avez le droit de « séculariser » les biens de l'Eglise. » Quel merveilleux livre où l'on découvrait de tels enseignements ! Et les rois et la noblesse se mirent à séculariser avec ardeur. Néanmoins quand les paysans voulurent eux aussi « traduire » la Bible à la nouvelle manière allemande, Luther cria : « Halte là ! Les bonbons ne sont pas pour la canaille. Ils sont pour mes Seigneurs qui me défendent, et que je défends. Tuez la canaille, mes Seigneurs, tuez la canaille et vous aurez le royaume des cieux ! » Ah ! la belle traduction de la Bible que celle-là ! L'intellectualité allemande en fut pourrie à jamais.

» Comment Luther serait-il un génie ? Le génie est entier et véridique par nature. C'est pour cela que si souvent il est martyr. Il a parfois moins de courage personnel que le commun des mortels, seulement il lui est impossible de mentir, de se rétracter. Il le voudrait qu'il n'y arriverait pas. Luther a fait ce que n'importe quel socialiste candidat à un ministère pourrait faire ; il lâche la révolution pour le portefeuille ; il veut devenir un grand homme de son vivant. On est mieux *sous* un trône que *sur* un bûcher, mais sous un trône il y a juste assez de place pour un talent qui se couche ; au-dessus du bûcher, il y a toute la hauteur du ciel.

» De Luther date la décadence morale allemande. Une nation ne saurait vivre sur un mensonge. Aussi les grandes idées libératrices sont-elles venues de France, non plus d'Allemagne. Tartuffe a été écrit par un Français, bien qu'il fût à plat ventre devant Louis XIV. Voltaire, Jean-Jacques Rousseau, Beaumarchais étaient des Français aussi. Si condamnable qu'elle fût, la révocation de l'édit de Nantes, qu'a-t-elle empêché en France, et la « liberté évangélique, » sous les canons prussiens, qu'a-t-elle créé de vraiment beau et de vraiment libre en Allemagne ?

» Les rares « génies » que compte l'Allemagne après Luther doivent tout à la France. Ils le savaient eux-mêmes, du reste. Goethe à Strasbourg était sur le point de lâcher l'allemand pour le français. S'il ne s'y décida pas, c'est qu'il comprit qu'il était trop tard pour changer de langue. Dans sa vieillesse, à Weimar, il avouait qu'il n'était plus capable de relire son Werther et son premier Faust que dans la traduction française. En Allemagne, on ignore avec intention ces aveux significatifs.

» Du jour où la Réforme triompha de l'autre côté du Rhin, commença le règne des succédanés. Il y a dans tout Allemand un fabricant de chicorée, qui préfère son jus de chapeau au café, d'abord parce que ça coûte moins cher, ensuite parce qu'il veut paraître très malin. Il aime la police, étant lâche d'instinct. Il a une peur folle de l'apache. Il préfère renoncer à toute liberté, à condition de ne pas faire de mauvaises rencontres entre deux brasseries. N'est-ce pas bien là la mentalité du prêtre qui a pullulé ? Le Prussien vous dira : « Voyez, nous sommes libres. A toute heure de la nuit nous pouvons aller au *Tiergarten* sans danger, tandis que vous, dans le Bois de Boulogne de votre Babel, vous risquez d'être estourbis. » Le point de vue est différent. Les Français préfèrent la menace d'une mauvaise rencontre à la présence trop permanente d'agents de police qui leur commanderaient, sans aménité, de « tenir leur droite ».

» Sûreté personnelle ? succédané allemand pour liberté personnelle. Liberté évangélique ? succédané allemand pour libre-pensée. Révolution religieuse ? succédané allemand pour révolution sociale. L'Allemand craint et hait le génie encore plus que l'apache, car le génie, surtout en Allemagne, a cela de commun avec l'apache d'être un peu hors la loi. Il est dangereux et haïssable parce qu'il trouble le sommeil et réclame l'action. Le talent, au contraire, est recommandable au même titre qu'un agent de police, parce qu'il passe les menottes au génie après l'avoir dépouillé. Voilà pourquoi il y a en Allemagne presque autant de talents que de gendarmes. Et tous ces talents sont des « succédanés » du génie. Par exemple, Herr Hæckel, talent remarquable aussi longtemps qu'il travaille à l'arbre généalogique de l'homme d'après les formules de Lamarck et de Darwin, pantin ridicule quand il joue au philosophe personnel, — lisez son *Welträtsel*, — et pontifie monistiquement avec ses compères Ostwald et Bruno Wille.

» Telle est la belle culture inaugurée par un moine augustin défroqué, marié à une religieuse augustine, également défroquée. Notez, en passant, la différence entre Cromwell et Luther et, conséquemment, la différence entre les résultats historiques des deux révolutions, différences qui eussent été bien plus grandes encore, si Cromwell n'était pas mort prématurément.

» Si nous sautons le siècle qui suit l'avénement de Luther, siècle absolument vide en Allemagne, tandis que la France reste le flambeau du monde, nous arrivons à la grande pléïade du réveil intellectuel allemand, à Herder, Wieland, Klopstock et Lessing. Tous les quatre sont fils de pasteurs. Soyons justes avec nos ennemis. Herder fait preuve d'une belle tendance vers l'internationalisme, il possède une haute culture personnelle. Résultat ? Personne en Allemagne ne le connaît aujourd'hui. Son œuvre a été étouffée. Wieland est un Français qui écrit en allemand. Il est à la fois plein de grâce, d'esprit et d'érudition. Sa fantaisie a des dehors latins. Il devient le grand romancier allemand, le premier qui obtient d'être lu et goûté par la bonne compagnie. Résultat ? Personne ne le lit plus aujourd'hui. Il est « supprimé » parce que *Franzoz, corrupt, schlüpfrig.* Il n'y avait que des femmes dans ses romans et jamais de soldat prussien! Par contre, Klopstock demeure le grand Allemand avec ses « Bardes », odes indigestes qui ont l'intention de surpasser Pindare. Il déifie la forêt vierge (oh! si peu) teutonne en rythmes lourds accompagnés de fifres. Il écrit la Messiade nauséabonde qui doit remplacer — comme la chicorée remplace le café — la Divine Comédie. C'est encore aujourd'hui la nourriture intellectuelle des élèves de « gymnasium ». Pauvres potaches boches !

» Mais surtout Lessing est le fondateur du nouvel esprit, de la nouvelle littérature allemande. On en gave toujours la jeunesse. Minna von Barnhelm, quel catéchisme de mauvais goût! Ricault de la Marlinère est une infamie sans nom. Rien n'égale la bassesse du fameux major prussien. La question d'argent revient tout le temps avec une indélicatesse qui veut être du raffinement. Les soi-disant facéties de Just sont d'une grâce pachydermique. L'héroïne, qui se pose en aristocrate, ignore le français, ce qui motivait cette remarque d'un contemporain de l'auteur ; «On voit que Lessing n'est qu'un fils de pasteur. Il n'a jamais connu la bonne compagnie. »

« Voilà bien Lessing, créateur après Luther de la « culture nationale allemande ». Lui qui devait tout à l'esprit français, il fait la chasse à l'influence française dans la littérature, dans les mœurs, dans la mode et dans le maintien. Il crie : à bas Racine, à bas Corneille, à bas Molière! et vite il fabrique sa chicorée : ses drames, excellents de facture d'ailleurs, mais absolument dans la tradition des classiques français, et il est sacré *Originalgenie.*

« Peut-être, avant lui, était-on plus civilisé, plus poli, mieux élevé en Allemagne ? Peut-être se détournait-on encore quand on rencontrait un espion ?

« Pourtant Lessing était un libre-penseur. A preuve son pamphlet *Anti-Gœtze* et sa pièce *Nathan der Weise ;* il était ennemi de l'absolutisme *(Emilia Galotti).* C'est déjà quelque chose. Malheureusement cette partie de sa pensée n'a pas été assimilée par l'esprit des nouvelles générations.

« On aime à dire, en Allemagne, que le « preussische Schulmeister » a gagné les batailles de Leipzig et de Sedan. C'est peut-être vrai. Il faudrait ajonter que 1813 et 1871 sont les deux tombes de la liberté et de la civilisation allemande.

» Les *Freiheitskriege* ne furent qu'un dérivatif aux instincts révolutionnaires que la Révolution française avait réveillés en Allemagne. La reine Louise fit adroitement avorter le mouvement au profit de son mari trompé, lorsqu'elle comprit, avec dépit, que Napoléon restait insensible à ses appâts.

Si l'Allemagne, malgré ses Schulmeister, était resté fidèle à Napoléon ou si l'empereur eût été vainqueur à Leipzig, la partie de l'Europe était gagnée. Napoléon n'était un tyran que pour les têtes couronnées. Il avait l'allure d'un génie, au moins ; il était, malgré tout, farci d'idées républicaines. C'est peut-être pour cela qu'il s'accommodait si bien du rôle de César. Il aurait balayé toutes les dynasties. Les Schulmeister et les pasteurs prussiens l'en ont empêché.

» Leur victoire les a fortifiés. Les convulsions de 1830 et de 1848 furent étouffées dans le sang. Et depuis, les Allemands ont peur, peur de la liberté et peur de la lutte féconde et volontaire. Ils ne savent plus agir. Alors ils se grisent de bière et de libertés imaginaires *(Akademische Freiheit)* dans leurs *Studentencorps*, invention diabolique destinée à endormir leurs intelligences et qui date de 1812 et de Wittenberg. Ils s'étourdissent de courage factice *(Mensur)* et de grandeur artificielle (Tétralogie de Wagner, industrie, flotte, armée, etc.). Lorsque la révolution veut une dernière fois relever la tête, entre 1860 et 1870, le Hohenzollern est là qui trouve le dérivatif nécessaire, d'abord les guerres, ensuite *LA* guerre, celle de 1870. Et la plus grande de toutes les défaites allemandes s'appelle Sedan ; elle se termine dans l'apothéose de Versailles...

» Depuis, c'est la chute. De la clarté de l'impératif catégorique de Kant, de la beauté, de la hauteur morale du païen Goethe, de la générosité de certaines œuvres du révolutionnaire Schiller (si indignement châtré par son peuple) l'Allemagne glisse à la lourdeur talmudiquement entortillée de Hebbel, à la gigantomanie impuissante de Kleist pour aboutir à Wagner et à Nietzsche, idoles aujourd'hui détruites. Je ne parle pas de la désolation du naturalisme allemand ni de la piteuse réaction néo-romantique qui a donné le jour à la littérature actuelle.

Qu'en est-il sorti ? Quatre-vingt-treize rénégats à la cause de l'humanité.
C'est tout.

» Sans doute, mon ami, l'Allemagne de Goethe et de Kant n'est pas
morte. Si elle l'était complètement, aurais-je seulement pu faire et écrire
ce que j'ai fait et ce que je vous écris aujourd'hui ? Le plus solitaire
de ce monde n'est jamais seul, même s'il écrit en allemand. Toutefois
cette Allemagne doit pourrir au fond de quelque cachot, pieds et poings
liés, traîtreusement bâillonnée par ceux qui l'exploitent. Elle ne pourra
pas, elle n'osera pas se relever *toute seule*. Et ce sera son châtiment.

» Ne m'en veuillez pas trop, si je vous envoie une lettre aussi copieuse.
Quand on est prisonnier comme moi, on devient facilement radoteur.
Et si, dans toute cette salade, vous trouvez quelques lignes sensées, ca-
pables d'intéresser les Français, faites-en ce que bon vous semblera.
Mon bavardage n'aura pas été inutile. »

Votre affectionné

CHARLES DE LEVETZOW.

TABLE DES GRAVURES

TABLE DES MATIÈRES

9 782019 975470